Impressum
Verlag: BABADADA GmbH, Nedderfeld 112 , 22529 Hamburg
Geschäftsführer / Verlagsleitung: Harald Hof
Druck: Books on Demand GmbH, In de Tarpen 42, 22848 Norderstedt

Imprint
Publisher: BABADADA GmbH, Nedderfeld 112 , 22529 Hamburg, Germany
Managing Director / Publishing direction: Harald Hof
Print: Books on Demand GmbH, In de Tarpen 42, 22848 Norderstedt

1

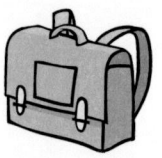

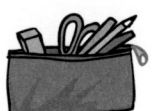

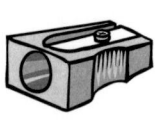

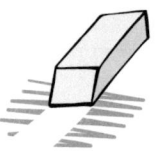

σχολείο
mekdep

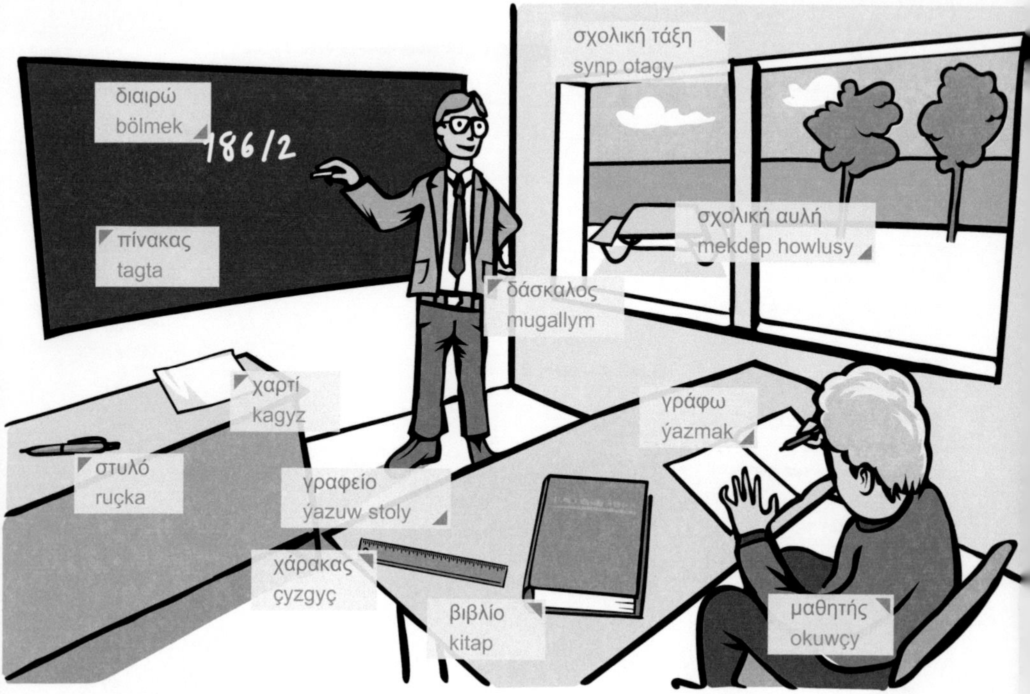
σχολική τάξη
synp otagy
διαιρώ
bölmek
186/2
πίνακας
tagta
σχολική αυλή
mekdep howlusy
δάσκαλος
mugallym
χαρτί
kagyz
γράφω
ýazmak
στυλό
ruçka
γραφείο
ýazuw stoly
χάρακας
çyzgyç
βιβλίο
kitap
μαθητής
okuwçy

σχολική τσάντα

ranes

κασετίνα/ μολυβοθήκη

penal

μολύβι

galam

ξύστρα

galam artylýan

γόμα

bozguç

μπλοκ ζωγραφικής

surat çekmek üçin albom

ζωγραφική

surat

πινέλο

çotgajyk

κουτί χρωμάτων

reňkli guty

ψαλίδι

gaýçy

κόλλα

ýelim

τετράδιο ασκήσεων

depder

εργασία για το σπίτι

öý işi

αριθμός

san

προσθέτω

goşmak

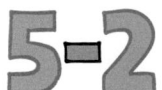

αφαιρώ

aýyrmak

πολλαπλασιάζω

köpeltmek

υπολογίζω

hasaplamak

γράμμα

harp

αλφάβητο

elipbiý

λέξη

söz

κείμενο

tekst

διαβάζω

okamak

κιμωλία

hek

μάθημα

sapak

εγγράφομαι

synp dergisi

τεστ

synag

πιστοποιητικό

diplom

μαθητική στολή

mekdep lybasy

εκπαίδευση

bilim

εγκυκλοπαίδεια

ensiklop ediýa

πανεπιστήμιο

uniwersitet

μικροσκόπιο

mikroskop

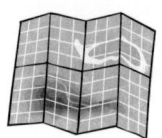

χάρτης

karta

καλάθι αχρήστων

kagyz üçin sebet

ταξίδι
syýahat

ξενοδοχείο
myhmanhana
Grand
ξενώνας
syýahatçylyk bazasy
ανταλλακτήρια συναλλάγματος
walýuta çalyşmak üçin bent
βαλίτσα
çemedan
αυτοκίνητο
awtomobil

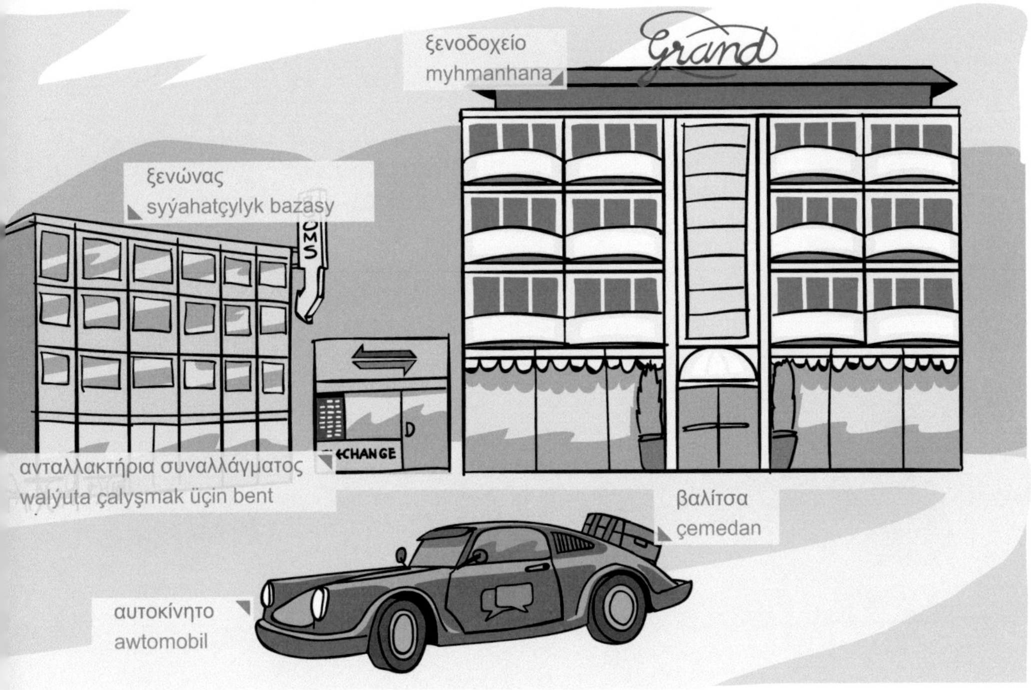

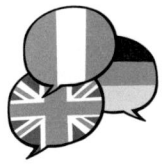

γλώσσα

dil

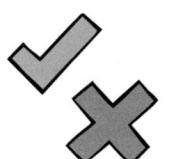

ναι / όχι

hawwa / ýok

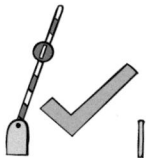

εντάξει

bolýa

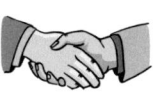

γεια σου

salam

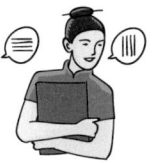

μεταφραστής

terjimeçi

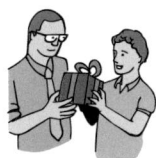

Ευχαριστώ

Minnetdar

πόσο κάνει ;

bahasy näçe?

Δε καταλαβαίνω

men düşünmeýärin

πρόβλημα

mesele

Καλησπέρα!

Agşamyňyz haýyr!

Καλημέρα!

Ertiriňiz haýyrly!

Καληνύχτα!

Gijäňiz rahat bolsun!

Αντίο

görüşýänçäk

κατεύθυνση

ugur

αποσκευές

ýük

τσάντα

torba

σακίδιο πλάτης

eginden asylýan torba

καλεσμένος

myhman

δωμάτιο

otag

υπνόσακος

halta ýorgan

σκηνή

çadyr

τουριστικές πληροφορίες

syýahatçylyk maglumaty

παραλία

kenarýaka

πιστωτική κάρτα

karz karty

πρωινό

ertirlik

μεσημεριανό

günortanlyk

δείπνο

agşamlyk

εισιτήριο

petek

ανελκυστήρας

lift

γραμματόσημο

poçta markasy

σύνορα

çäk

τελωνείο

gümrük

πρεσβεία

ilçihana

βίζα

wiza

διαβατήριο

pasport

μεταφορά

ulag

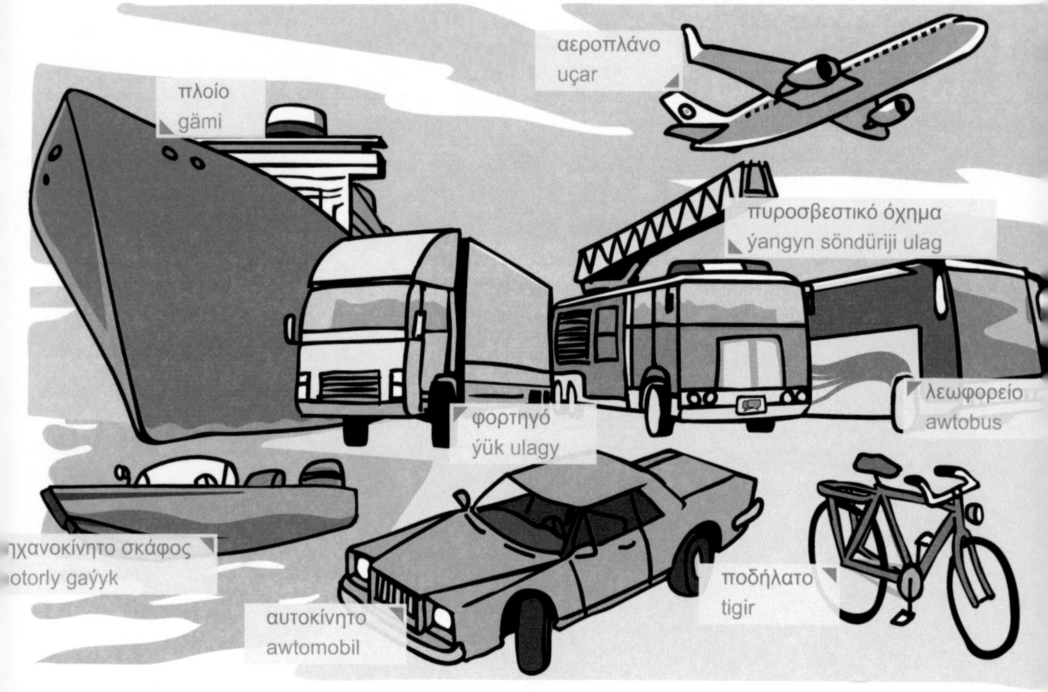

αεροπλάνο
uçar
πλοίο
gämi
πυροσβεστικό όχημα
ýangyn söndüriji ulag
λεωφορείο
awtobus
φορτηγό
ýük ulagy
ηχανοκίνητο σκάφος
otorly gaýyk
ποδήλατο
tigir
αυτοκίνητο
awtomobil

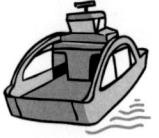

φεριμπότ

parom

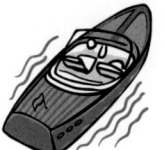

βάρκα

gaýyk

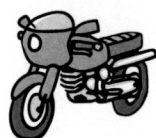

μοτοσικλέτα

motosikl

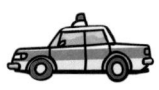

περιπολικό

polisiýa ulagy

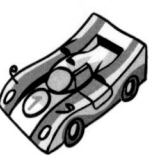

αγωνιστικό αυτοκίνητο

çapyşyk

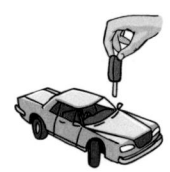

ενοικιαζόμενο αυτοκίνητο

kärendä alnan ulga

διαμοιρασμός αυτοκινήτων	γερανός	απορριμματοφόρο
ulagy bilelikde ulanmak	tirkeg ulagy	zir-zibil daşaýan ulag

κινητήρας	καύσιμο	βενζινάδικο
hereketlendiriji	ýangyç	guýma
	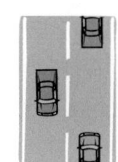	
πινακίδα σήμανσης	κυκλοφορία	κυκλοφοριακή συμφόρηση
ýol belgisi	hereket	dyky

χώρος στάθμευσης	σιδηροδρομικός σταθμός	σιδηροδρομικές γραμμές
awtoduralga	menzil	seplem
	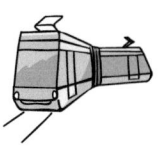	
τρένο	τραμ	βαγόνι
otly	tramwaý	wagon

ελικόπτερο

dik uçar

αεροδρόμιο

howa menzili

πύργος

minara

επιβάτης

ýolagçy

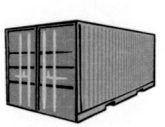

εμπορευματοκιβώτιο

konteýner

χαρτοκιβώτιο

guty

καρότσι

araba

καλάθι

sebet

απογειώνομαι /
προσγειόνομαι

uçmak / gonmak

πόλη
şäher

χωριό

oba

κέντρο της πόλης

şäher merkezi

σπίτι

öý

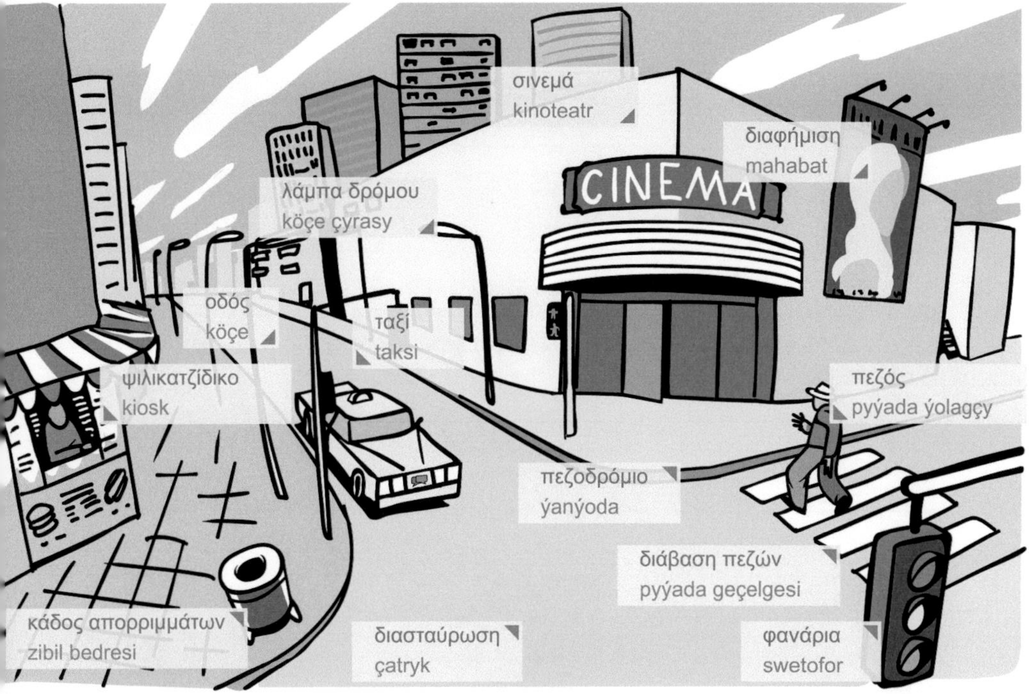

σινεμά
kinoteatr

διαφήμιση
mahabat

λάμπα δρόμου
köçe çyrasy

CINEMA

οδός
köçe

ταξί
taksi

ψιλικατζίδικο
kiosk

πεζός
pyýada ýolagçy

πεζοδρόμιο
ýanýoda

διάβαση πεζών
pyýada geçelgesi

κάδος απορριμμάτων
zibil bedresi

διασταύρωση
çatryk

φανάρια
swetofor

καλύβα
kepbe

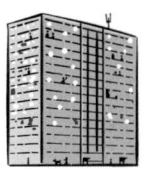

διαμέρισμα
öý

σιδηροδρομικός σταθμός
menzil

δημαρχείο
şäher häkimligi

μουσείο
muzeý

σχολείο
mekdep

πανεπιστήμιο

uniwersitet

τράπεζα

bank

νοσοκομείο

hassahana

ξενοδοχείο

myhmanhana

φαρμακείο

dermanhana

γραφείο

ofis

βιβλιοπωλείο

kitap dükany

κατάστημα

dükan

ανθοπωλείο

gül dükany

σούπερ μάρκετ

supermarket

αγορά

bazar

πολυκατάστημα

uniwermag

ιχθυοπωλείο

balyk söwdagäri

εμπορικό κέντρο

söwda merkezi

λιμάνι

port

πάρκο

park

παγκάκι

oturgyç

γέφυρα

köpri

σκάλες

merdiwan

μετρό

metro

τούνελ

ötük

στάση λεωφορείου

awtobus

μπαρ

bar

εστιατόριο

restoran

γραμματοκιβώτιο

poçta gutusy

πινακίδα δρόμου

köçäni adyny görkezýän ýazgy

παρκόμετρο

parkometr

ζωολογικός κήπος

haýwanat bagy

πισίνα

basseýn

τζαμί

metjit

αγρόκτημα

ferma

ρύπανση

daşky gurşawyň hapalanmagy

νεκροταφείο

gonamçylyk

εκκλησία

buthana

παιδική χαρά

çaga meýdançasy

ναός

ybadathana

τοπίο
landşaft

φύλλο
ýaprak

πινακίδα κατεύθυνσης
ýol görkeziji

δρόμος
ýol

λιβάδι
ýaýla

πέτρα
daş

πεζοπόρος
syýahatçy

δέντρο
agaç

ποτάμι
derýa

χορτάρι
ot

λουλούδι
gül

κοιλάδα

dere

λόφος

dag

λίμνη

köl

δάσος

tokaý

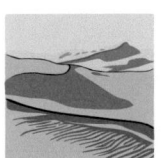

έρημος

çöl

ηφαίστειο

wulkan

κάστρο

gulp

ουράνιο τόξο

älemgoşar

μανιτάρι

kömelek

φοίνικας

palma agajy

κουνούπι

çybyn

μύγα

sinek

μυρμήγκι

garynja

μέλισσα

bal arysy

αράχνη

möý

σκαθάρι

tomzak

βάτραχος

gurbaga

σκίουρος

awusiýdik

σκαντζόχοιρος

kirpi

λαγός

towşan

κουκουβάγια

baýguş

πουλί

guş

κύκνος

guw

αγριογούρουνο

ýekegapan

ελάφι

sugun

άλκη

los

φράγμα

bent

ανεμογεννήτρια

şemal generatory

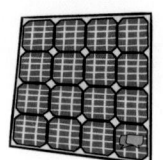

ηλιακός συλλέκτης

gün batareýasy

κλίμα

howa

εστιατόριο
restoran

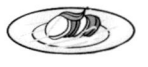

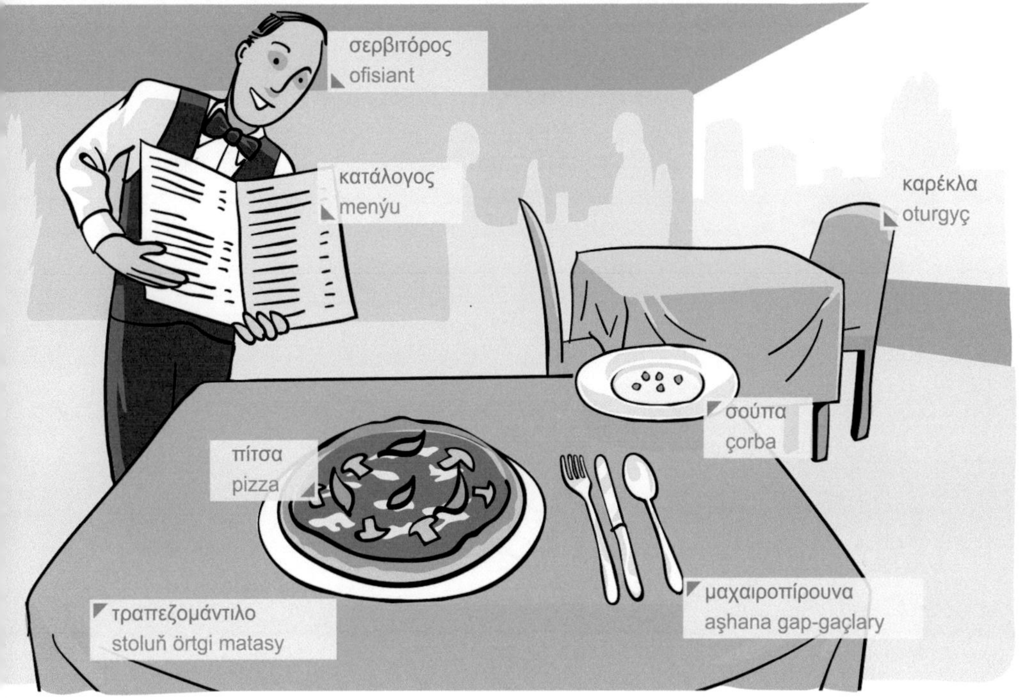

σερβιτόρος
ofisiant
κατάλογος
menýu
καρέκλα
oturgyç
σούπα
çorba
πίτσα
pizza
μαχαιροπίρουνα
aşhana gap-gaçlary
τραπεζομάντιλο
stoluň örtgi matasy

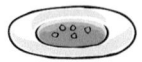

ορεκτικό
garbanma

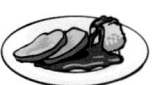

κύριο πιάτο
esasy tagam

επιδόρπιο
süýjülik

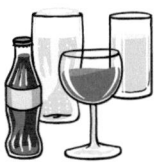

ποτά
içgiler

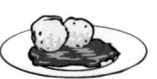

φαγητό
nahar

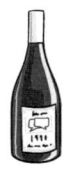

μπουκάλι
süýşe

φαστ φουντ

tiz tagam

φαγητό στ' όρθιο

köçe iýmiti

τσαγιέρα

çäýnek, kitir

δοχείο ζάχαρης

şeker gaby

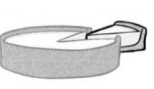

μερίδα

porsiýa

μηχανή εσπρέσο

kofe gaýnadyjy

ψηλή καρέκλα

çaga oturgyjy

λογαριασμός

hasap

δίσκος

mejme

μαχαίρι

pyçak

πιρούνι

çarşak

κουτάλι

çemçe

κουταλάκι του τσαγιού

çaý çemçesi

πετσέτα φαγητού

salfetka

ποτήρι

bulgur

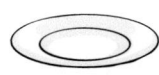		
πιάτο	πιάτο σούπας	πιατάκι φλιτζανιού
tarelka	çorba tarelkasy	tabajyk

σάλτσα	αλατιέρα	μύλος για πιπέρι
sous	duz gaby	burçy üweýji

ξύδι	λάδι	μπαχαρικά
sirke	ýag	huruş

κέτσαπ	μουστάρδα	μαγιονέζα
ketçup	gorçisa	maýonez

σούπερ μάρκετ

supermarket

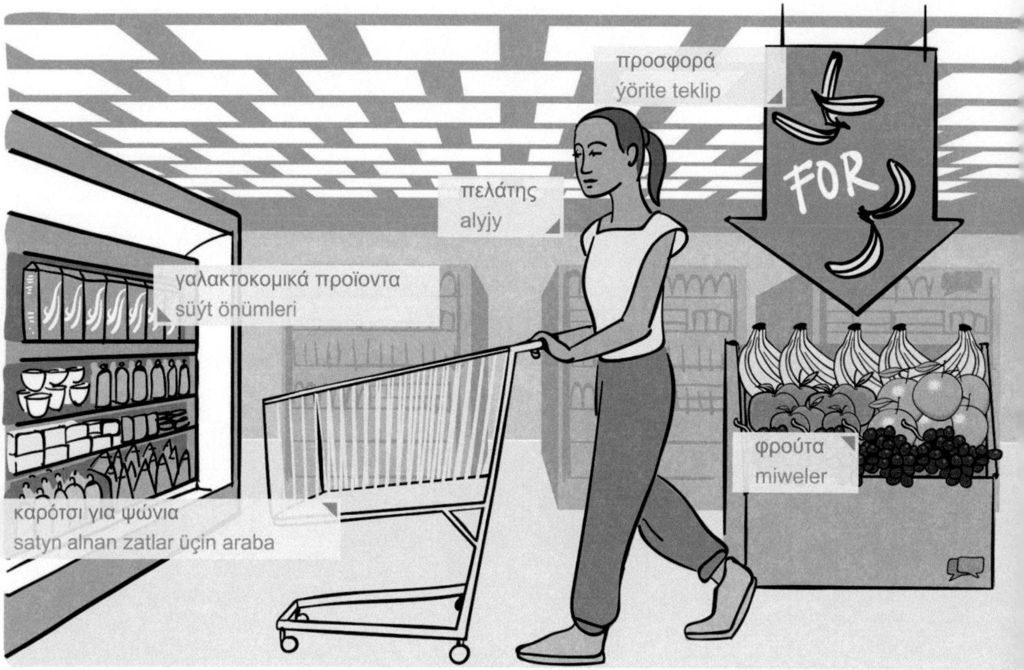

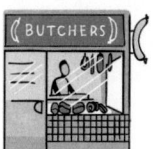

προσφορά
ýörite teklip
FOR
πελάτης
alyjy
γαλακτοκομικά προϊόντα
süýt önümleri
φρούτα
miweler
καρότσι για ψώνια
satyn alnan zatlar üçin araba

BUTCHERS

κρεοπωλείο

et dükany

BAKERY

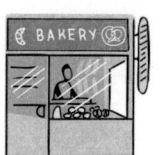

φούρνος

çörek kärhanasy

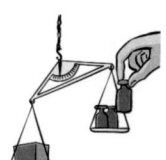

ζυγίζω

ölçemek

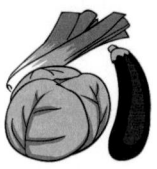

λαχανικά

gök önümler

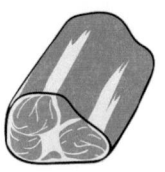

κρέας

et

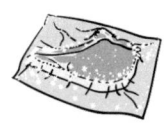

κατεψυγμένα τρόφιμα

tiz doňýan önümler

αλλαντικά

kesme

κονσερβοποιημένη τροφή

konserwirlenen önümler

απορρυπαντικό ρούχων

kir ýuwujy toz

γλυκά

süýjülikler

οικιακά είδη

öýde ulanylýan zat

καθαριστικά προϊόντα

ýuwujy serişde

πωλήτρια

satyjy aýal

ταμείο

kassa

ταμίας

pulhanaçy

λίστα για ψώνια

satyn alynmaly zatlar

ωράριο λειτουργίας

iş wagty

πορτοφόλι

gapjyk

πιστωτική κάρτα

karz karty

τσάντα

sumka

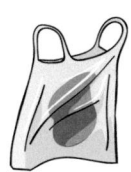

πλαστική σακούλα

polietilen paket

νερό

suw

χυμός

şire

γάλα

süýt

κόκα κόλα

koka-kola

κρασί

wino

μπίρα

piwo

αλκοόλ

alkogol

κακάο

kakao

τσάι

çaý

καφές

kofe

εσπρέσο

espresso

καπουτσίνο

kapuçino

μπανάνα

banan

μήλο

alma

πορτοκάλι

pyrtykal

πεπόνι

garpyz

λεμόνι

limon

καρότο

käşir

σκόρδο

sarymsak

μπαμπού

bambuk

κρεμμύδι

sogan

μανιτάρι

kömelek

ξηροί καρποί

hoz

νουντλς

un aş

μακαρόνια

spagetti

ρύζι

tüwi

σαλάτα

işdäaçar

πατατάκια

gowurylan ýer alma

τηγανητές πατάτες

gowurylan ýer alma

πίτσα

pizza

χάμπουργκερ

gamburger

σάντουιτς

sendwiç

κοτολέτα

üweme

ζαμπόν

wetçina

σαλάμι

salýami

λουκάνικο

şöhlat

κοτόπουλο

towuk

ψητό

gowrulyp taýýarlanýan nahar

ψάρι

balyk

χυλός βρώμης	μούσλι	κορν φλέικς
süle patragy	mýusli	mekgejöwen patragy

αλεύρι	κρουασάν	ψωμάκι
un	kruassan	bulka

ψωμί	τοστ	μπισκότα
çörek	tost	köke

βούτυρο	τυρόπηγμα	κέικ
ýag	dorog	pirog
		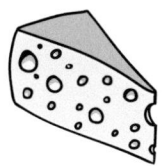
αυγό	τηγανητό αυγό	τυρί
ýumurtga	heýgenek	peýnir

παγωτό

doňdurma

ζάχαρη

şeker

μέλι

bal

μαρμελάδα

marmelad

άλλειμμα σοκολάτας

nogully krem

κάρυ

karri

αγρόκτημα
ferma

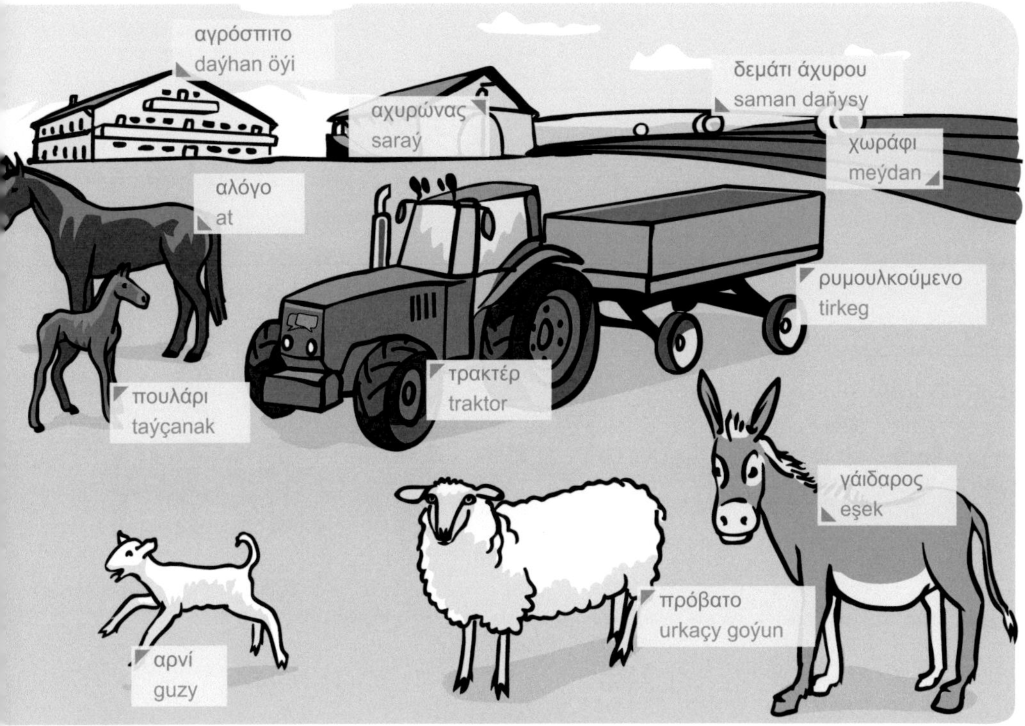
αγρόσπιτο
daýhan öýi
δεμάτι άχυρου
saman daňysy
αχυρώνας
saraý
χωράφι
meýdan
αλόγο
at
ρυμουλκούμενο
tirkeg
τρακτέρ
traktor
πουλάρι
taýçanak
γάιδαρος
eşek
πρόβατο
urkaçy goýun
αρνί
guzy

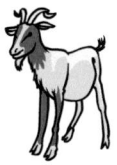

κατσίκα
geçi

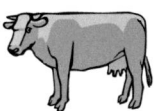

αγελάδα
sygyr

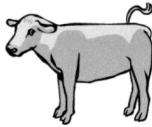

μοσχαράκι
göle

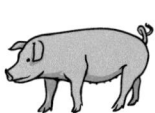

γουρούνι
doňuz

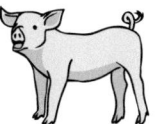

γουρουνάκι
jojuk

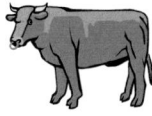

ταύρος
öküz

χήνα

gaz

πάπια

ördek

κοτοπουλάκι

jüýje

κότα

towuk

κόκορας

horaz

αρουραίος

alaka

γάτα

pişik

ποντίκι

syçan

βόδι

öküz

σκύλος

it

σπιτάκι σκύλου

it ýatagy

λάστιχο κήπου

bag şlangy

ποτιστήρι

guýgyç

θεριστήρι

orak

αλέτρι

azal

δρεπάνι

orak

τσάπα

kätmen

δίκρανο

dökün çarşagy

τσεκούρι

palta

χειράμαξα

galtak

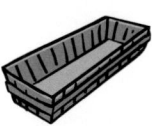

ταΐστρα

kersen

δοχείο γάλακτος

süýt üçin tüññür

σάκος

halta

φράχτης

haýat

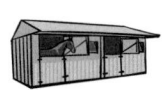

στάβλος

çörek

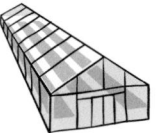

θερμοκήπιο

ýyladyşhana

έδαφος

toprak

σπόρος

ekin

λίπασμα

dökün

θεριζοαλωνιστική μηχανή

kombaýn

θερίζω

hasyl ýygnamak

συγκομιδή

galla

γιαμς

ýams

σιτάρι

bugdaý

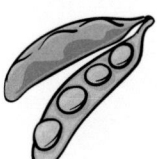

σόγια

soýa

πατάτα

ýeralma

καλαμπόκι

mekgejöwen

κράμβη

raps

οπωροφόρο δέντρο

miwe agajy

μανιόκα

manioka

δημητριακά

däneli ösümlikler

σπίτι
öý

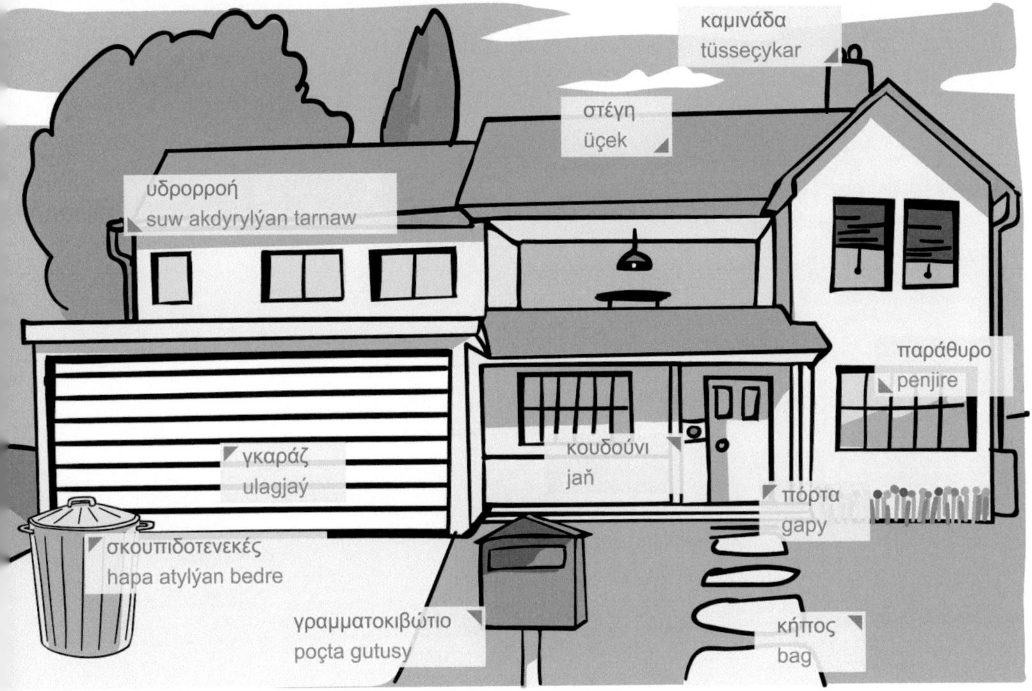
καμινάδα
tüsseçykar
στέγη
üçek
υδρορροή
suw akdyrylýan tarnaw
παράθυρο
penjire
γκαράζ
ulagjaý
κουδούνι
jaň
πόρτα
gapy
σκουπιδοτενεκές
hapa atylýan bedre
γραμματοκιβώτιο
poçta gutusy
κήπος
bag

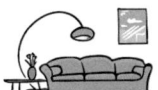

σαλόνι

myhman otagy

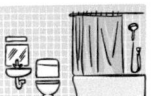

μπάνιο

wanna otagy

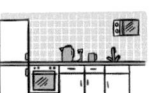

κουζίνα

aşhana

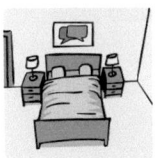

υπνοδωμάτιο

ýatalga otagy

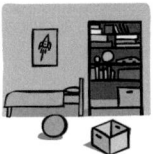

παιδικό δωμάτιο

çaga otagy

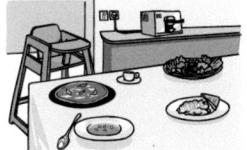

τραπεζαρία

naharhana

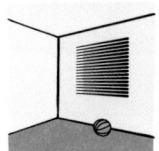

πάτωμα

pol

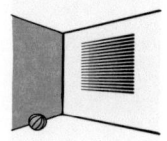

τοίχος

diwar

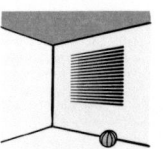

οροφή

potolok

κελάρι

ýerzemin

σάουνα

hamam

μπαλκόνι

balkon

βεράντα

eýwan

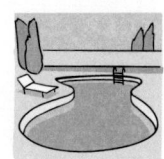

πισίνα

howdan

μηχανή του γκαζόν

gazon orujy

σεντόνι

ýorgan daşlygy

κάλυμμα κρεβατιού

örtgi

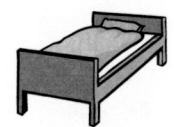

κρεβάτι

ýatakça

σκούπα

sübse

κουβάς

bedre

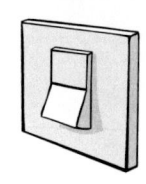

διακόπτης

öçüriji

σαλόνι
myhman otagy

ταπετσαρία
oboýlar
φωτογραφία
çekilen surat
λάμπα
çyra
ράφι
tekje
ντουλάπι
şkaf
τηλεόραση
telewizor
τζάκι
kamin
λουλούδι
gül
μαξιλάρι
ýassyk
καναπές
diwan
βάζο
küýze
τηλεκοντρόλ
aralykdan dolandyryş pulty

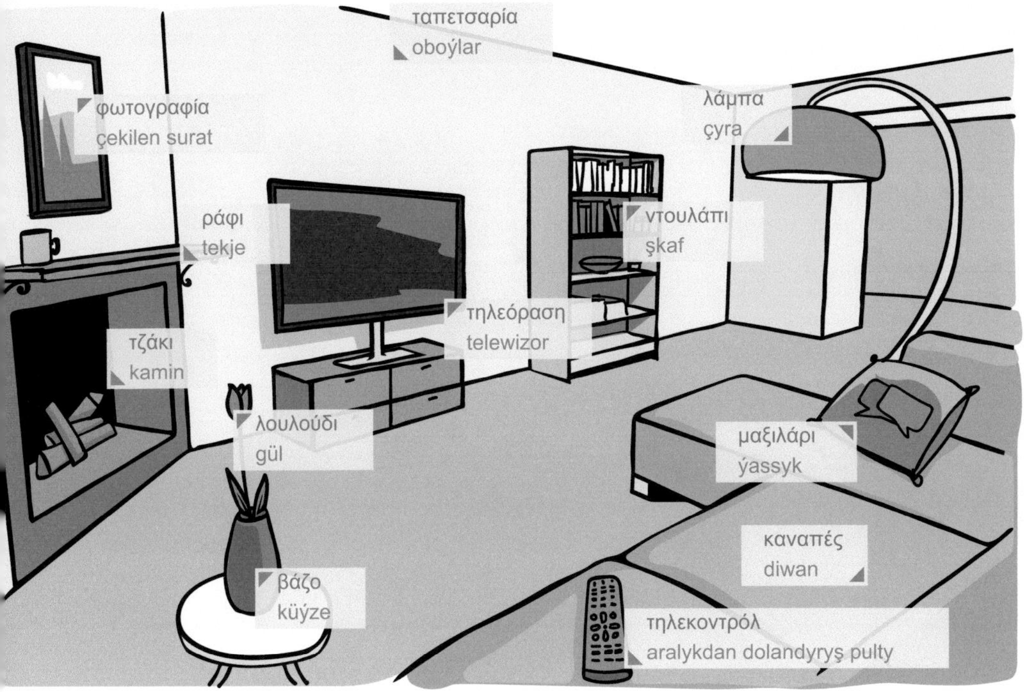

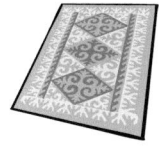

χαλί

haly

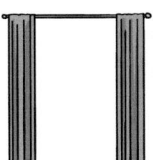

κουρτίνα

tuty

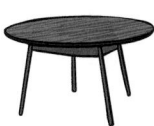

τραπέζι

stol

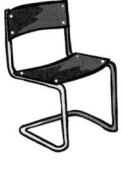

καρέκλα

oturgyç

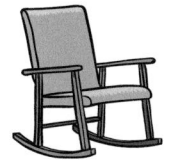

κουνιστή πολυθρόνα

öňe-yza gaýdýan kürsi

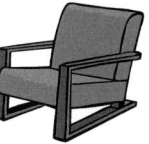

πολυθρόνα

kürsi

βιβλίο

kitap

κουβέρτα

örtgi

διακόσμηση

bezeg

καυσόξυλα

odun

ταινία

film

στερεοφωνικό σύστημα

stereo ulgam

κλειδί

açar

εφημερίδα

gazet

πίνακας ζωγραφικής

surat

αφίσα

ündewsurat

ραδιόφωνο

radio

σημειωματάριο

bloknot

ηλεκτρική σκούπα

tozan sorujy

κάκτος

kaktus

κερί

şem

κουζίνα
aşhana

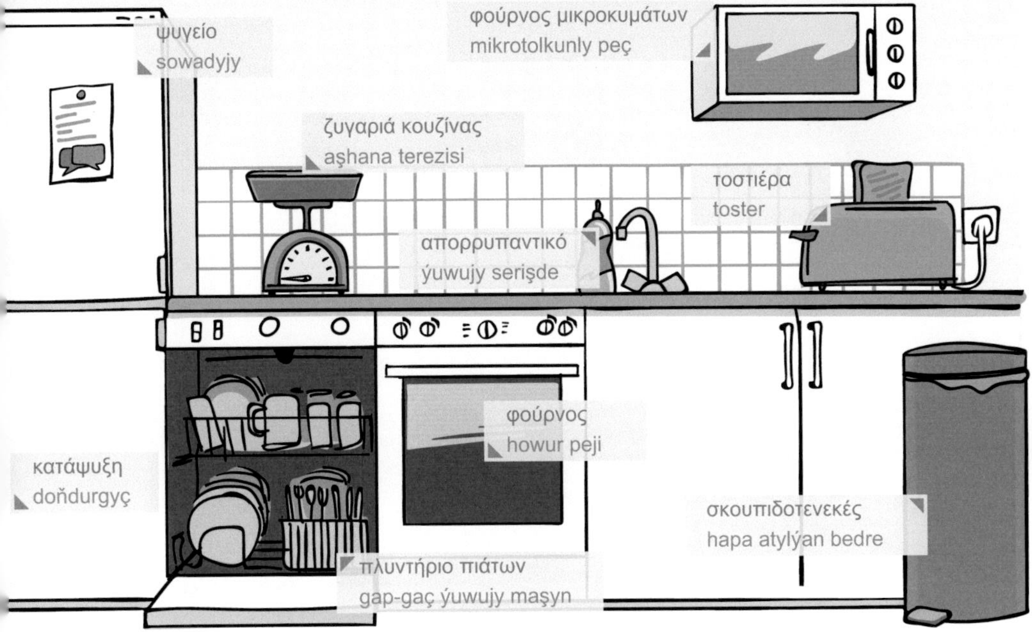
ψυγείο
sowadyjy
φούρνος μικροκυμάτων
mikrotolkunly peç
ζυγαριά κουζίνας
aşhana terezisi
τοστιέρα
toster
απορρυπαντικό
ýuwujy serişde
φούρνος
howur peji
κατάψυξη
doňdurgyç
σκουπιδοτενεκές
hapa atylýan bedre
πλυντήριο πιάτων
gap-gaç ýuwujy maşyn

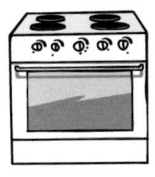

κουζίνα
....
plita

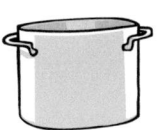

κατσαρόλα
....
piti

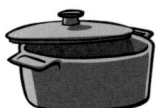

μαντεμένια κατσαρόλα
....
çoýun gazany

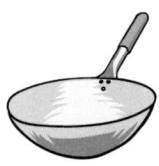

γουόκ/καντάι
....
wok / kadaý

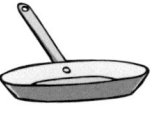

τηγάνι
....
saç

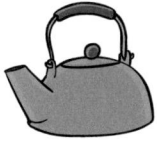

βραστήρας
....
çäýnek, kitir

ατμομάγειρας

bugda bişiriji

ταψί

protiwen

πιατικά

gap-gaç

κούπα

kürşge

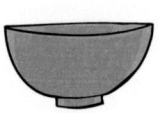

μπολ

jam

ξυλάκια

nahar iýilýän taýajyklar

κουτάλα

susak

σπάτουλα

piljagaz

ανακατεύω

ýaýylýan maşyn

σουρωτήρι

elek

σουρωτηράκι

elek

τρίφτης

gyrgyç

γουδί

soky

ψησταριά

gril

ανοιχτή φωτιά

ot

σανίδα κοπής

tagta

πλάστης

oklaw

ανοιχτήρι φελλών

ştopor

κονσέρβα

tüneke banka

ανοιχτήρι κονσέρβας

konserwa pyçagy

γάντι φούρνου

tutguç

νεροχύτης

rakowina

βούρτσα

çotga

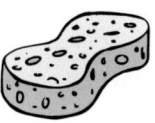

σφουγγάρι

gubka

μπλέντερ

mikser

καταψύκτης

doňdurma kamerasy

μπιμπερό

çagany iýmitlendirmek üçin
çüýşejik

βρύση

kran

μπάνιο
wanna otagy

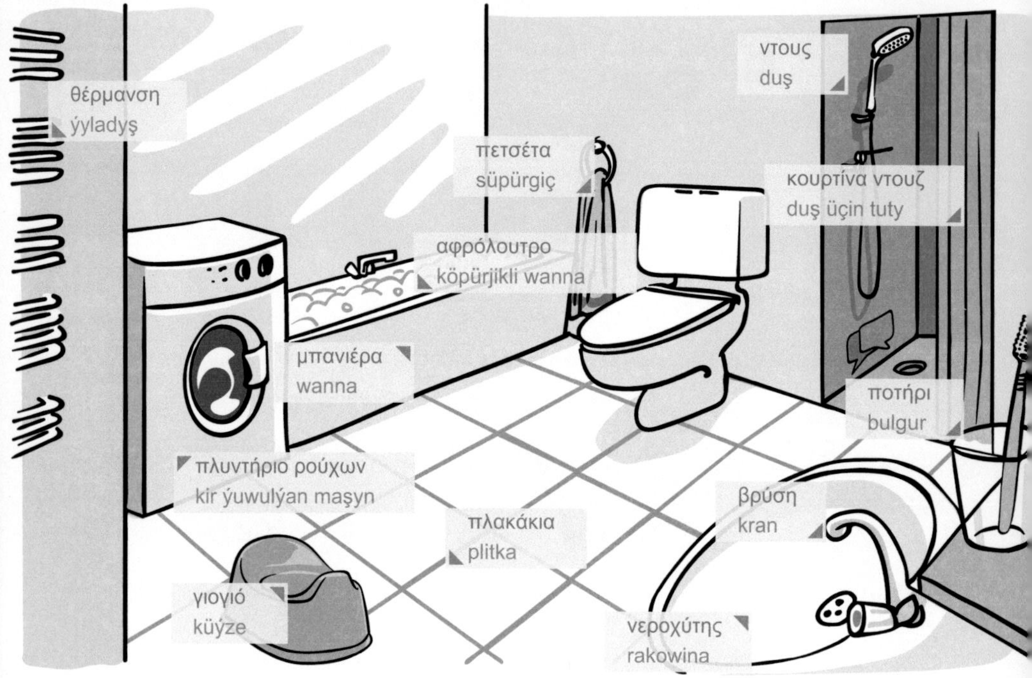

θέρμανση
ýyladyş

ντους
duş

πετσέτα
süpürgiç

κουρτίνα ντουζ
duş üçin tuty

αφρόλουτρο
köpürjikli wanna

μπανιέρα
wanna

ποτήρι
bulgur

πλυντήριο ρούχων
kir ýuwulýan maşyn

βρύση
kran

πλακάκια
plitka

γιογιό
küýze

νεροχύτης
rakowina

τουαλέτα

hajathana

τούρκικη τουαλέτα

polda oturdylýan unitaz

μπιντές

bide

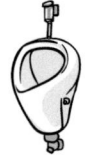

ουρητήριο

pissuar

χαρτί υγείας

hajathana kagyzy

πιγκάλ

hajathana çotgasy

οδοντόβουρτσα

diş çotgasy

οδοντόκρεμα

diş pastasy

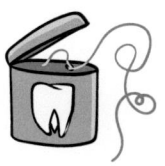

οδοντικό νήμα

diş sapagy

πλένω

ýuwmak

τηλέφωνο ντους

el duşy

ντουσιέρα

şahsy duş

λεκάνη

legen

βούρτσα πλάτης

arka üçin çotga

σαπούνι

sabyn

αφρόλουτρο

duş üçin gel

σαμπουάν

şampun

φανέλα

moçalka

σιφόνι

akyş

κρέμα

krem

αποσμητικό

dezodorant

καθρέφτης

aýna

καθρέφτης χειρός

el aýnasy

ξυραφάκι

päki

αφρός ξυρίσματος

sakgal syrmak üçin köpürjik

αφτερσέιβ

sakgal syrylanyndan soňky losýon

χτένα

darak

βούρτσα

çotga

σεσουάρ

fen

λακ

saç üçin lak

μακιγιάζ

kosmetika

κραγιόν

dodaga çalynýan reňk

βερνίκι νυχιών

dyrnaga çalynýan reňk

βαμβάκι

pamyk

ψαλίδι νυχιών

manikýur gaýçysy

άρωμα

atyr

40

μπάνιο - wanna otagy

νεσεσέρ

kosmetika üçin gutujyk

σκαμπό

oturgyç

ζυγαριά

terezi

μπουρνούζι

halat

ελαστικά γάντια

rezin ellik

ταμπόν

tampon

πετσέτα υγιεινής

gigiýena prokladkasy

χημική τουαλέτα

biohajathana

παιδικό δωμάτιο

çaga otagy

ξυπνητήρι
oýaryjy
λούτρινο ζωάκι
ýumşak oýnawaç
αυτοκινητάκι
oýnawaç awtoulag
κουδουνίστρα
şakyrdawukly oýnawaç
κουκλόσπιτο
gurjak öýi
δώρο
sowgat

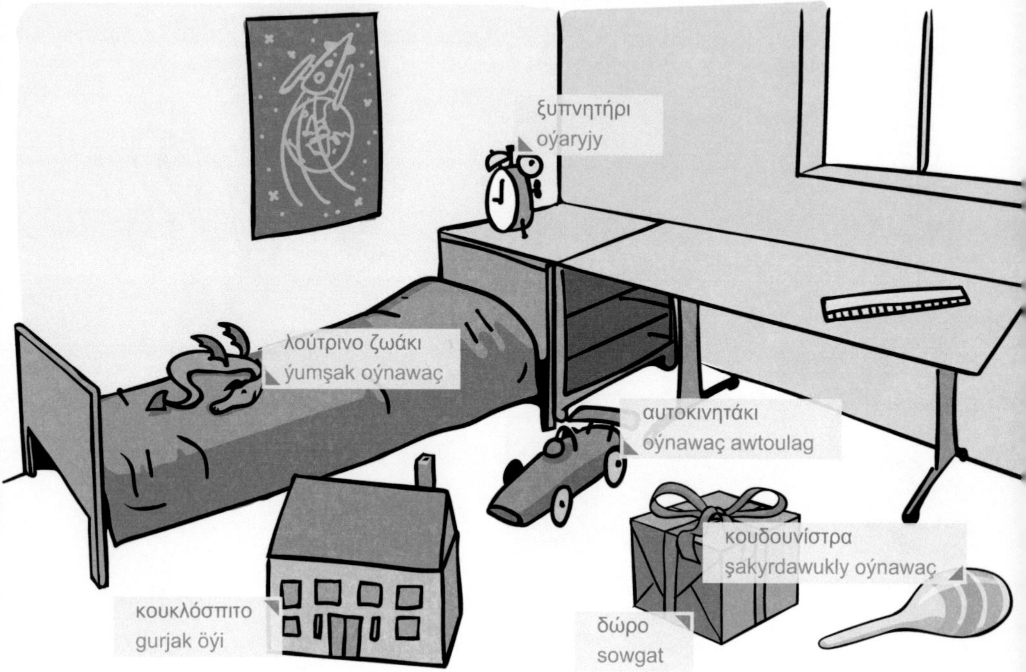

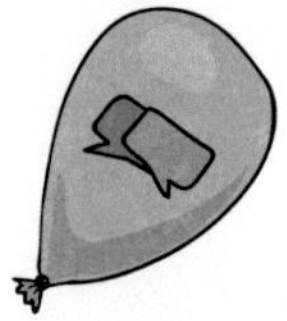

μπαλόνι

howaly şar

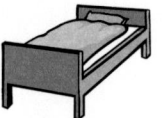

κρεβάτι

ýatakça

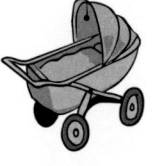

καροτσάκι

çaga arabasy

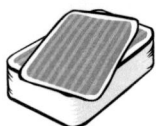

τράπουλα

kart oýny

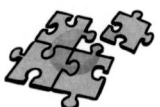

παζλ

pazl

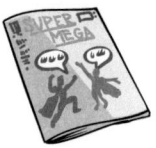

κόμικς

komiks

τουβλάκια lego

Lego kerpiçleri

τουβλάκια κατασκευών

kubikler

φιγούρα δράσης

oýnawaç şekil

βρεφικό φορμάκι

çagalar üçin joraply balak

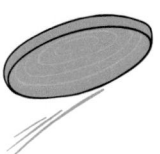

φρίσμπι

frisbi

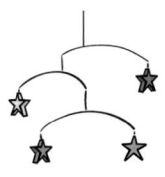

μόμπιλο

mobile

επιτραπέζιο παιχνίδι

stolüsti oýun

ζάρια

kubik

σετ τρενάκι

demir ýolunyň modeli

πιπίλα

soska

πάρτι

şagalaň

εικονογραφημένο βιβλίο

şekilli kitap

μπάλα

top

κούκλα

gurjak

παίζω

oýnamak

σκάμμα με άμμο

çäge aýmança

κούνια

hiňňildik

παιχνίδια

oýnawaç

κονσόλα βιντεοπαιχνιδιών

oýun pristawkasy

τρίκυκλο

üç tigirli welosiped

αρκουδάκι

plýuşadan aýyjyk

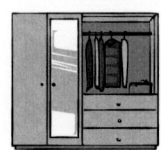

ντουλάπα

egin-eşik üçin şkaf

ρούχα
egin-eşik

κάλτσες

jorap

καλτσοδέτες

çulki

καλσόν

kolgotka

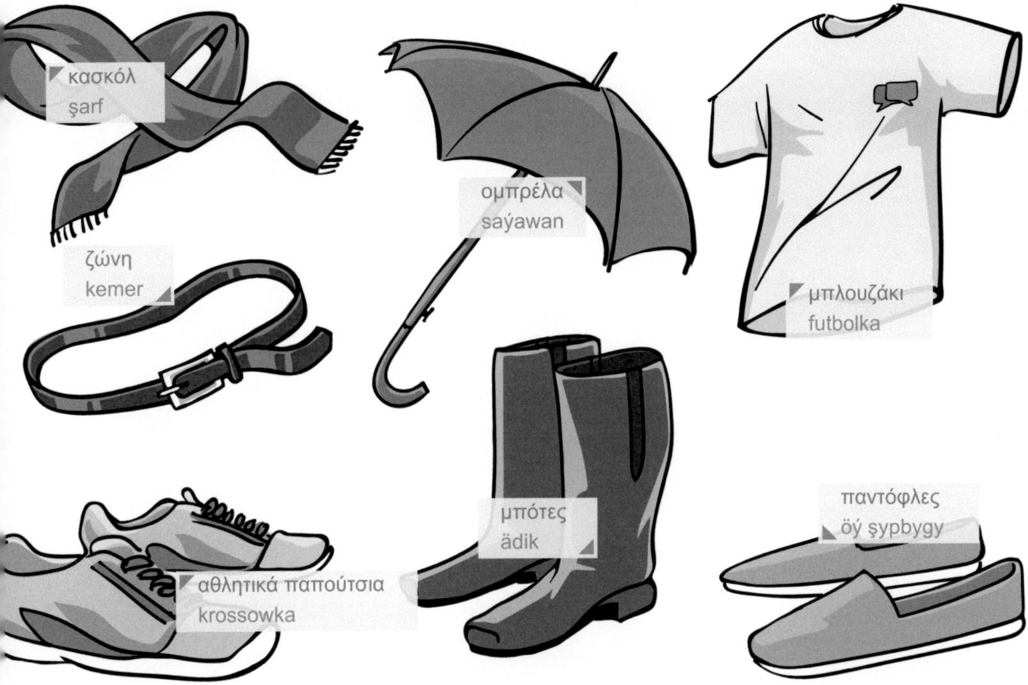

κασκόλ
şarf

ομπρέλα
saýawan

ζώνη
kemer

μπλουζάκι
futbolka

μπότες
ädik

παντόφλες
öý şypbygy

αθλητικά παπούτσια
krossowka

σανδάλια
sandaliýa

παπούτσια
aýakgap

γαλότσες
rezin ädik

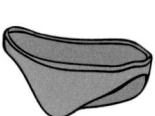

εσώρουχο
türsük

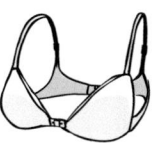

σουτιέν
göwüslik

φανέλα
maýka

σώμα

bodi

παντελόνι

jalbar

τζιν παντελόνι

jins

φούστα

ýubka

μπλούζα

bluzka

πουκάμισο

köýnek

πουλόβερ

switer

πουλόβερ

switer

σακάκι

sport keltekçesi

μπουφάν

žaket

παλτό

palto

αδιάβροχο πανωφόρι

plaş

κοστούμι

kostýum

φόρεμα

köýnek

νυφικό

toý köýnegi

κοστούμι

erkek üçin kostýum

νυχτικό

ýatyş köýnegi

πιτζάμες

pižama

σάρι

sari

μαντήλι

ýaglyk

τουρμπάνι

selle

μπούρκα

perenji

καφτάνι

kaftan

μουσουλμανικό ένδυμα

abaýa

ολόσωμο μαγιό

suwa düşmek üçin lybas

ανδρικό μαγιό

plawki

σορτς

şorty

αθλητική φόρμα

sport lybasy

ποδιά

öňlük

γάντια

ellik

κουμπί

ilik

γυαλιά

äýnek

βραχιόλι

bilezik

περιδέραιο

zynjyr

δαχτυλίδι

ýüzük

σκουλαρίκι

syrga

καπέλο

papak

κρεμάστρα

geýim asgyç

καπέλο

şlýapa

γραβάτα

galstuk

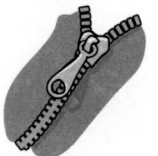

φερμουάρ

syrma

κράνος

şlem

τιράντες

egnaşyr kemer

μαθητική στολή

mekdep lybasy

στολή

lybas

σαλιάρα

çaga döşlügi

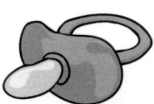

πιπίλα

soska

πάνα

arlyk

γραφείο
ofis

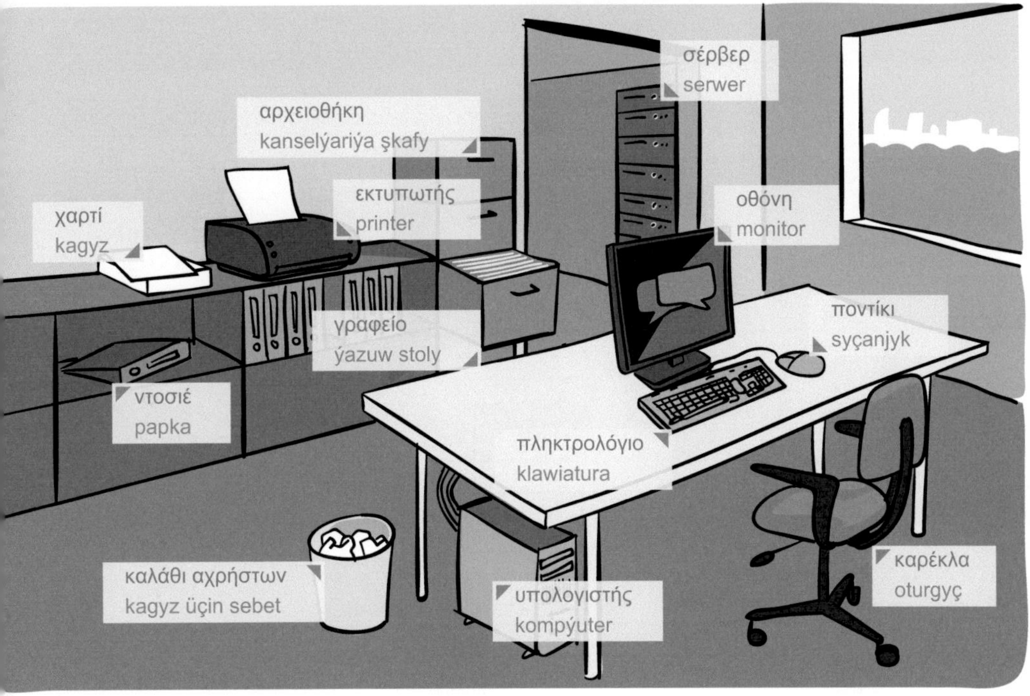

κούπα του καφέ

kofe kružkasy

σέρβερ
serwer

αρχειοθήκη
kanselýariýa şkafy

εκτυπωτής
printer

οθόνη
monitor

χαρτί
kagyz

γραφείο
ýazuw stoly

ποντίκι
syçanjyk

ντοσιέ
papka

πληκτρολόγιο
klawiatura

καλάθι αχρήστων
kagyz üçin sebet

υπολογιστής
kompýuter

καρέκλα
oturgyç

κομπιουτεράκι

kalkulýator

ίντερνετ

internet

λάπτοπ

noutbuk

γράμμα

hat

μήνυμα

habar

κινητό

öýjükli telefon

δίκτυο

tor

φωτοτυπικό μηχάνημα

kseroks

λογισμικό

programma

τηλέφωνο

telefon

πρίζα

rozetka

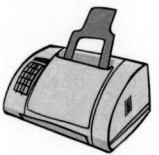

συσκευή φαξ

faks

έντυπο

formulýar

έγγραφο

resminama

αγοράζω

satyn almak

πληρώνω

tölemek

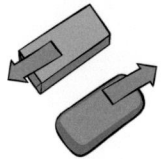

συναλλάσσομαι

söwda etmek

χρήματα

pul

δολάριο

dollar

ευρώ

ýewro

γιεν

iena

ρούβλι

rubl

ελβετικό φράγκο

frank

ρενμίνμπι γιουάν

ženminbi ýuan

ρουπία

rupiýa

ATM (αυτόματη ταμειακή μηχανή)

bankomat

ανταλλακτήρια
συναλλάγματος

walýuta çalyşmak üçin bent

χρυσός

altyn

ασήμι

kümüş

πετρέλαιο

nebit

ενέργεια

energiýa

τιμή

baha

συμβόλαιο

şertnama

φόρος

salgyt

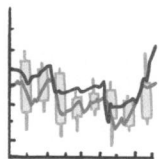

μετοχή

paýnama

δουλεύω

işlemek

υπάλληλος

gullukçy

εργοδότης

iş beriji

εργοστάσιο

fabrik

κατάστημα

dükan

επαγγέλματα

hünärler

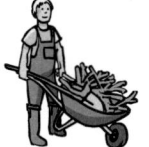

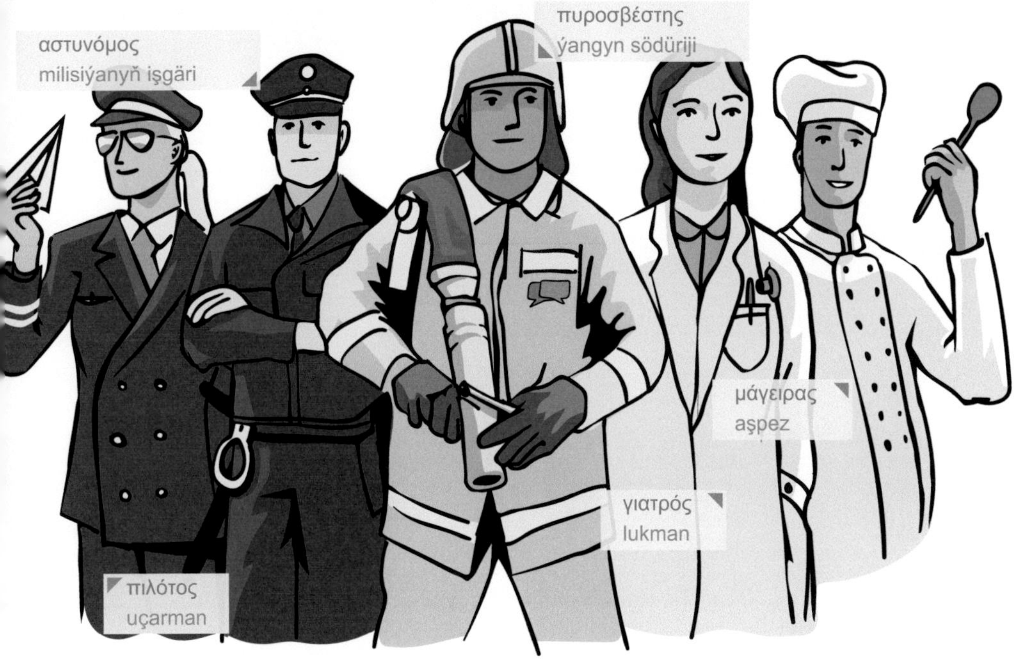
αστυνόμος
milisiýanyň işgäri
πυροσβέστης
ýangyn söndüriji
μάγειρας
aşpez
γιατρός
lukman
πιλότος
uçarman

κηπουρός

bagban

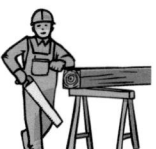

ξυλουργός

agaç ussasy

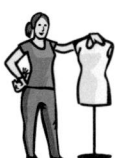

μοδίστρα

tikinçi

δικαστής

kazy

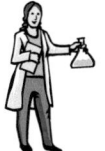

χημικός

himik

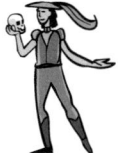

ηθοποιός

aktýor

οδηγός λεωφορείου

awtobus sürüjisi

ταξιτζής

taksiçi

ψαράς

balykçy

καθαρίστρια

tam süpüriji

τεχνίτης στεγών

üçek basyrýan ussa

σερβιτόρος

ofisiant

κυνηγός

awçy

ζωγράφος

suratçy

αρτοποιός

çörekçi

ηλεκτρολόγος

elektrik

οικοδόμος

gurluşykçy

μηχανολόγος

inžener

κρεοπώλης

gassap

υδραυλικός

santehnik

ταχυδρόμος

hatçy

στρατιώτης

esger

αρχιτέκτονας

binagär

ταμίας

pulhanaçy

ανθοπώλης

floraçy

κομμωτής

dellekçi

ελεγκτής εισιτηρίων

konduktor

μηχανικός

mehanik

καπετάνιος

kapitan

οδοντίατρος

diş lukmany

επιστήμονας

alym

ραβίνος

rawwin

ιμάμης

imam

μοναχός

monah

ιερέας

ruhany

εργαλεία
gurallar

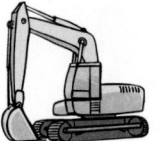

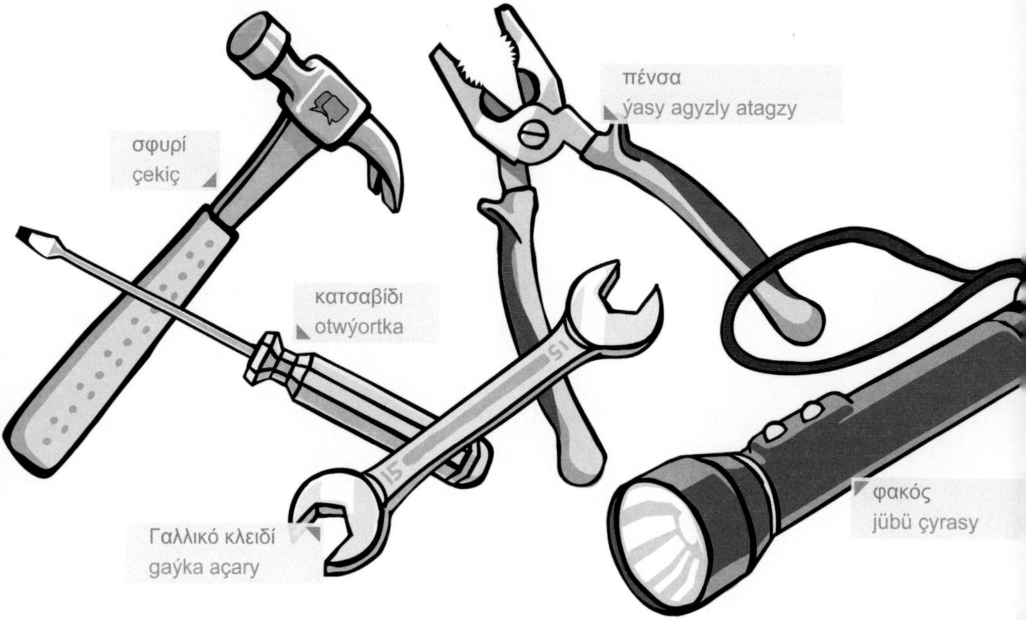
πένσα
ýasy agyzly atagzy
σφυρί
çekiç
κατσαβίδι
otwýortka
φακός
jübü çyrasy
Γαλλικό κλειδί
gaýka açary

εκσκαφέας

ekskawator

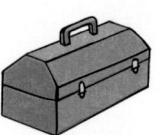

εργαλειοθήκη

gurallar üçin gap

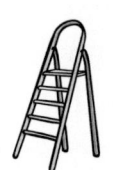

σκάλα

merdiwan

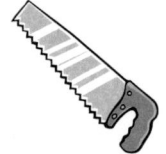

πριόνι

byçgy

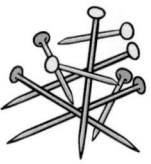

καρφιά

çüýler

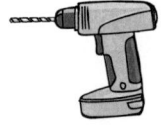

τρυπάνι

drel

επισκευάζω

abatlamak

φτυάρι

pil

Να πάρει!

Bolmandyr!

φαράσι

susguç

δοχείο χρωμάτων

boÿagly bedre

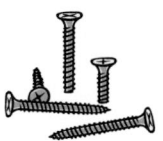

βίδες

nurbatlar

μουσικά όργανα
saz gurallary

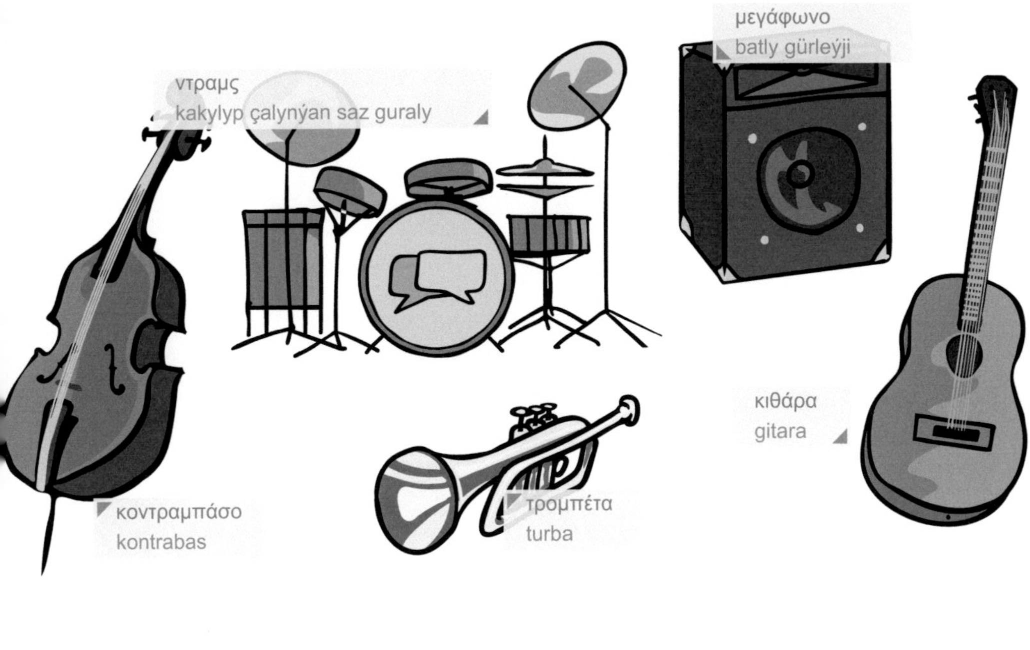

μεγάφωνο
batly gürleÿji

ντραμς
kakylyp çalynýan saz guraly

κιθάρα
gitara

κοντραμπάσο
kontrabas

τρομπέτα
turba

πιάνο

pianino

βιολί

skripka

μπάσο

bas-gitara

τύμπανα

nagara

τύμπανο

deprek

πλήκτρα

sintezator

σαξόφωνο

saksafon

φλάουτο

fleýta

μικρόφωνο

mikrofon

ζωολογικός κήπος
haýwanat bagy

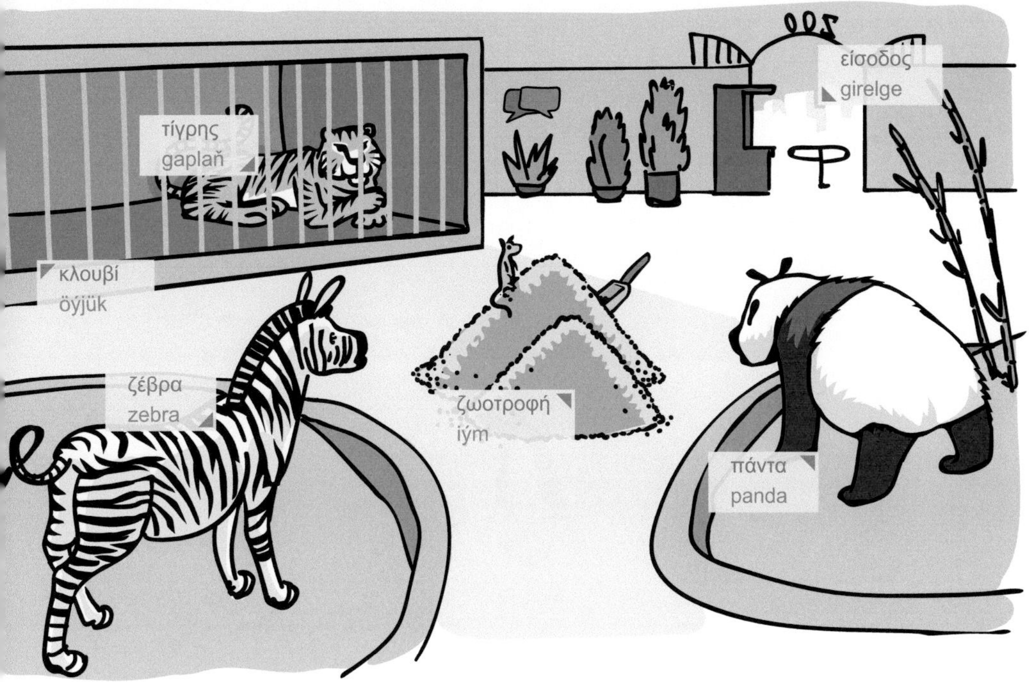

είσοδος
girelge
τίγρης
gaplaň
κλουβί
öýjük
ζέβρα
zebra
ζωοτροφή
iým
πάντα
panda

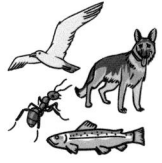

ζώα

haýwanlar

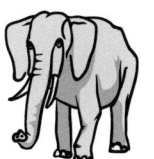

ελέφαντας

pil

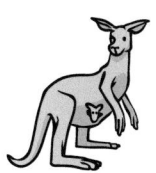

καγκουρό

kenguru

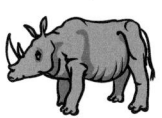

ρινόκερος

nosorog

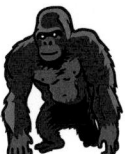

γορίλας

gorilla

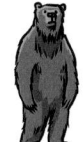

αρκούδα

aýy

καμήλα	στρουθοκάμηλος	λιοντάρι
düýe	düýeguş	ýolbars

πίθηκος	φλαμίνγκο	παπαγάλος
maýmyn	gyzylinjik	hindiguş

πολική αρκούδα	πιγκουίνος	καρχαρίας
ak aýy	pingwin	akula

παγώνι	φίδι	κροκόδειλος
tawus	ýylan	krokodil

φύλακας ζωολογικού κήπου	φώκια	τζάγκουαρ
haýwanat bagynyň gullukçysy	düwlen	ýaguar

πόνυ

poni

λεοπάρδαλη

gaplaň

ιπποπόταμος

begemot

καμηλοπάρδαλη

žiraf

αετός

bürgüt

αγριογούρουνο

ýekegapan

ψάρι

balyk

χελώνα

pyşbaga

θαλάσσιος ίππος

suwpişik

αλεπού

tilki

γαζέλα

jeren

αθλήματα
sport

Αμερικάνικο ποδόσφαιρο
amerikan

ποδηλασία
tigir sürmek

αντισφαίριση
tennis

μπάσκετ
basketbol

κολύμβηση
ýüzme

πυγχαμία
boks

χόκεϋ επί πάγου
hokkeý

ποδόσφαιρο
futbol

μπάντμιντον
badminton

στίβος
ýeňil atletika

χάντμπολ
gandbol

σκι
lyža sporty

πόλο
polo

δραστηριότητες

hereket

γελάω
gülmek
πηδάω
bökmek
αγκαλιάζω
gujaklamak
περπατάω
gitmek
τραγουδάω
aýdym aýtmak
ονειρεύομαι
arzuw etmek
προσεύχομαι
dilemek
φιλάω
öpmek

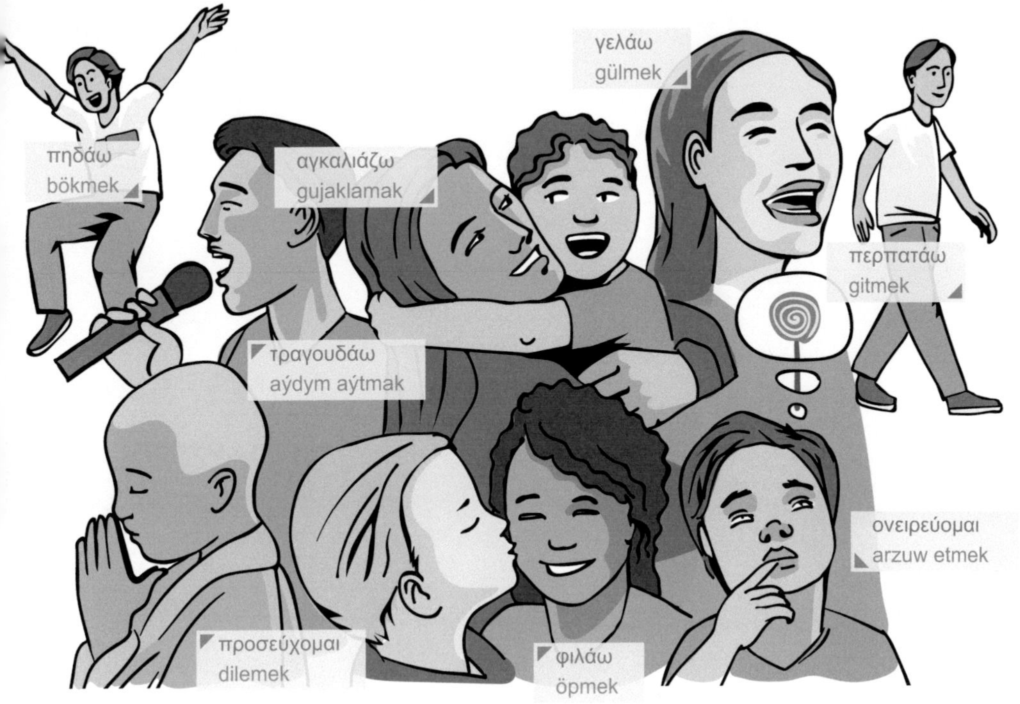

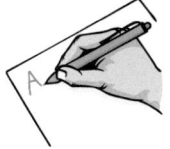

γράφω

ýazmak

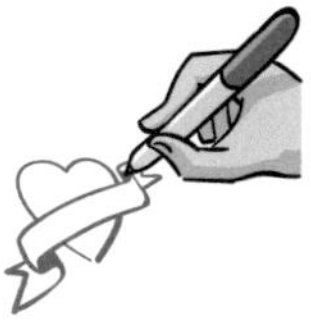

σχεδιάζω

surat çekmek

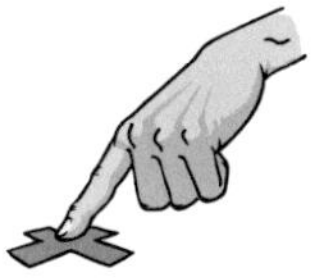

δείχνω

görkezmek

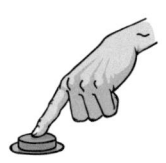

πιέζω

basmak

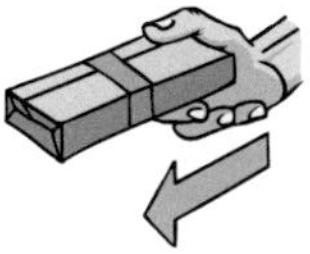

δίνω

bermek

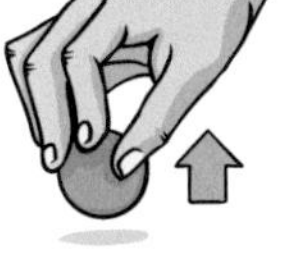

παίρνω

almak

έχω

eýe bolmak

κάνω

etmek

είμαι

bolmak

στέκομαι

durmak

τρέχω

ylgamak

τραβάω

çekmek

ρίχνω

taşlamak

πέφτω

gaçmak

ξαπλώνω

ýatmak

περιμένω

garaşmak

κουβαλώ

götermek

κάθομαι

oturmak

φοράω

geýmek

κοιμάμαι

ýatmak

ξυπνάω

oýanmak

κοιτάω

görmek

κλαίω

aglamak

χαϊδεύω

sypalamak

χτενίζω

daramak

μιλάω

gürlemek

καταλαβαίνω

düşünmek

ρωτάω

soramak

ακούω

diňlemek

πίνω

içmek

τρώω

iýmek

συγυρίζω

tertipleşdirmek

αγαπάω

söýmek

μαγειρεύω

taýýarlmak

οδηγώ

gitmek

πετάω

uçmak

κάνω ιστιοπλοΐα

ýelkeni ýaýyp gitmek

υπολογίζω

hasaplamak

διαβάζω

okamak

μαθαίνω

okamak

δουλεύω

işlemek

παντρεύομαι

nikalaşmak

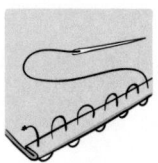

ράβω

dikmek

βουρτσίζω τα δόντια

dişiňi arassalamak

σκοτώνω

öldürmek

καπνίζω

çilim çekmek

στέλνω

ugratmak

οικογένεια
maşgala

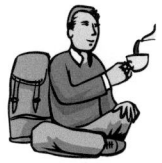

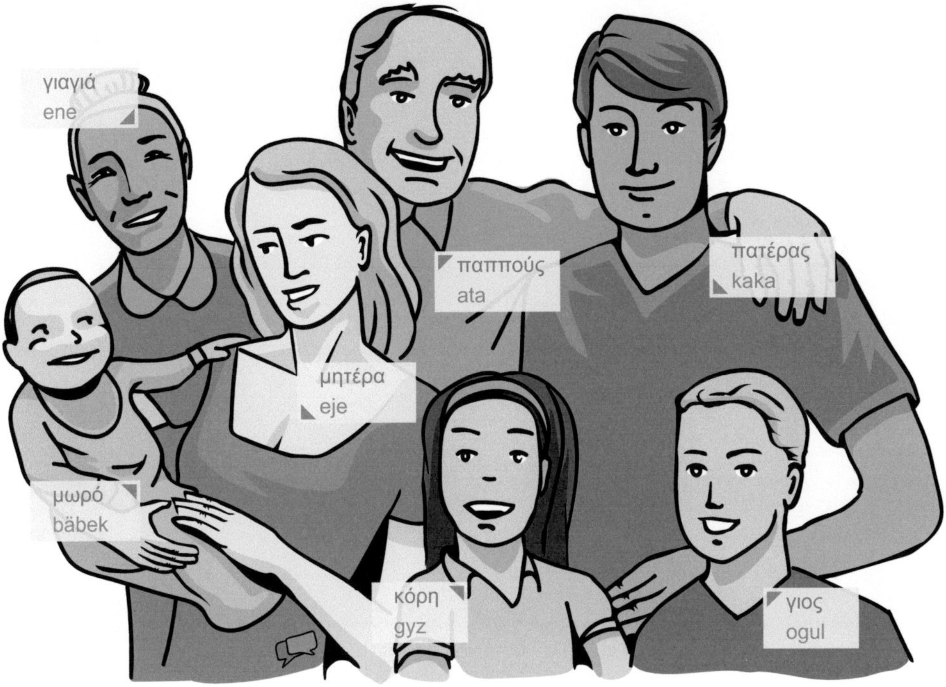
γιαγιά
ene
παππούς
ata
πατέρας
kaka
μητέρα
eje
μωρό
bäbek
κόρη
gyz
γιος
ogul

καλεσμένος

myhman

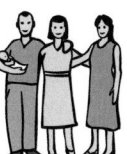

θεία

daýza

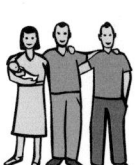

θείος

daýy

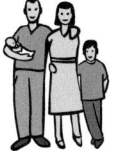

αδελφός

aga

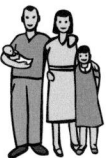

αδελφή

uýa

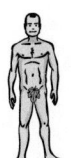

σώμα

ten

μέτωπο
maňlaý
μάτι
göz
ώμος
egin
δάχτυλο
barmak
πρόσωπο
ýüz
πιγούνι
äň
χέρι
penje
πόδι
aýak
στήθος
döş
βραχίονας
el

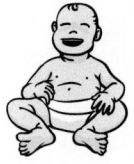

μωρό

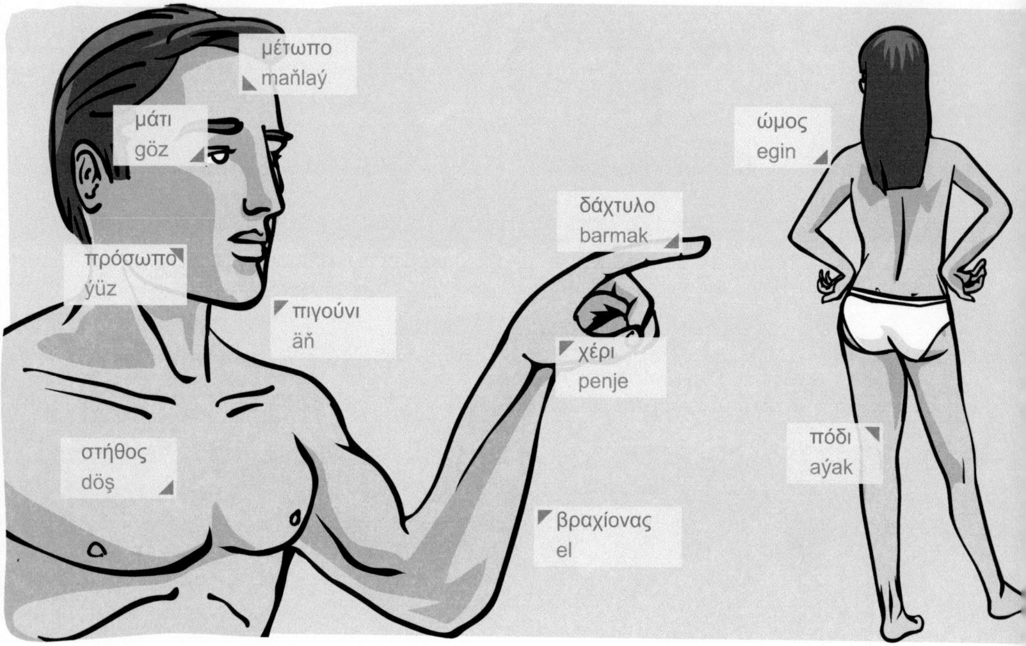

bäbek

άνδρας

erkek

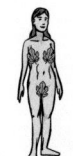

γυναίκα

aýal

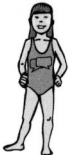

κορίτσι

gyz

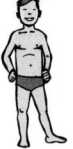

αγόρι

oglan

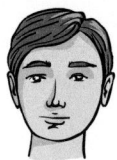

κεφάλι

kelle

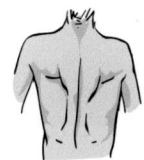

πλάτη

arka

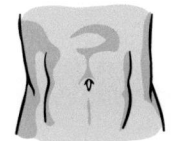

κοιλιά

garyn

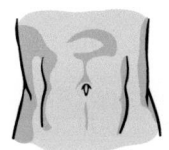

αφαλός

göbek

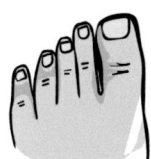

δάχτυλο ποδιού

aýak barmagy

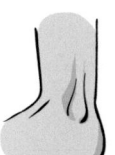

φτέρνα

ökje

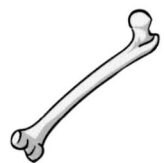

κόκκαλο

süňk

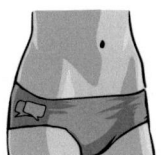

γοφός

but

γόνατο

dyz

αγκώνας

tirsek

μύτη

burun

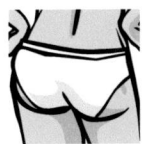

γλουτός

ýanbaş

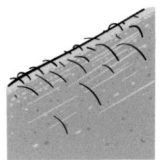

δέρμα

deri

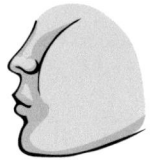

μάγουλο

ýaňak

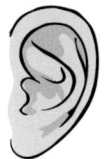

αυτί

gulak

χείλος

dodak

	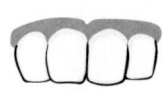	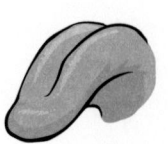
στόμα	δόντι	γλώσσα
agyz	diş	dil
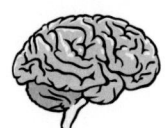	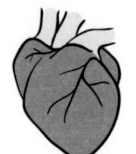	
εγκέφαλος	καρδιά	μυς
beýni	ýürek	myşsa
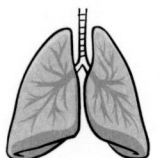		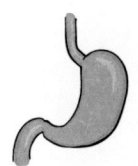
πνεύμονας	συκώτι	στομάχι
öýken	bagyr	aşgazan
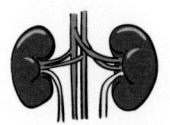		
νεφρά	σεξουαλική επαφή	προφυλακτικό
böwrek	jyns ýakynlygy	prezerwatiw
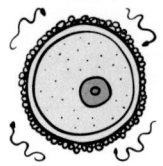		
ωάριο	σπέρμα	εγκυμοσύνη
erkeklik jyns öýjügi	tohumlyk	göwrelilik

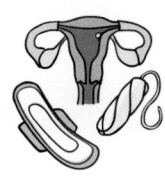

περίοδος

bil açylma

γυναικείος κόλπος

wagina

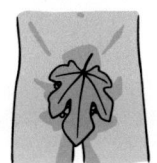

πέος

erkek jyns agzasy

φρύδι

gaş

μαλλιά

saç

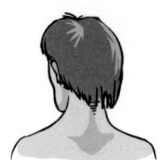

λαιμός

boýun

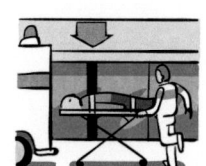

νοσοκομείο
hassahana

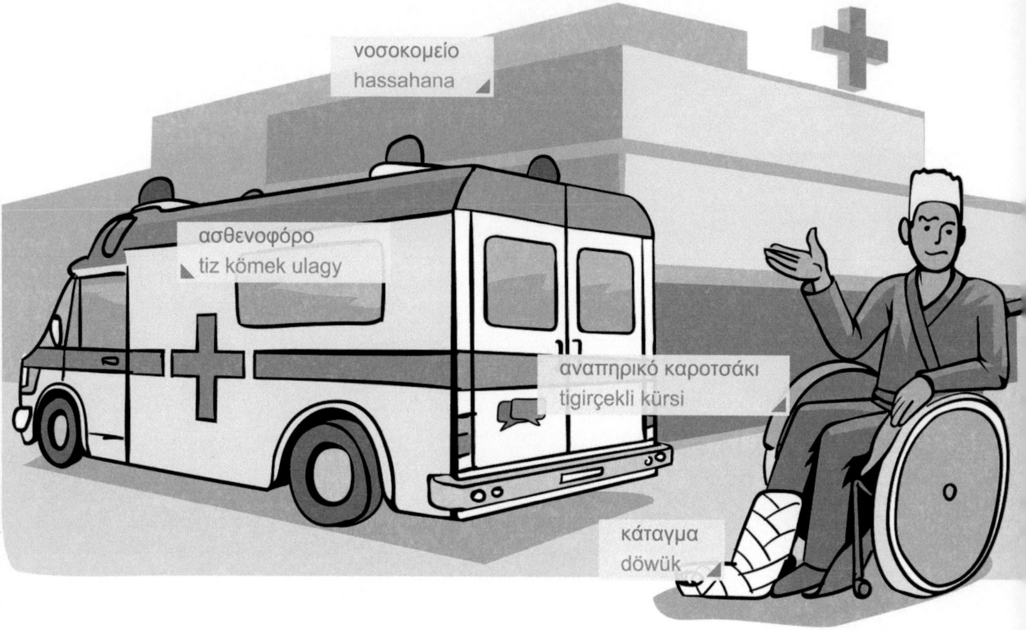

νοσοκομείο
hassahana
ασθενοφόρο
tiz kömek ulagy
αναπηρικό καροτσάκι
tigirçekli kürsi
κάταγμα
döwük

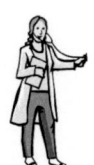

γιατρός

lukman

μονάδα εντατικής θεραπείας

ilkinji kömek nokady

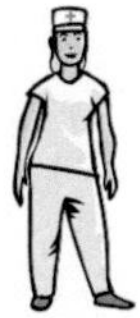

νοσοκόμα

şepagat uýasy

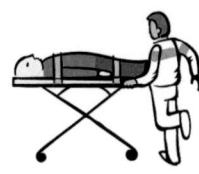

έκτακτη ανάγκη

gaýragoýulmasyz ýagdaý

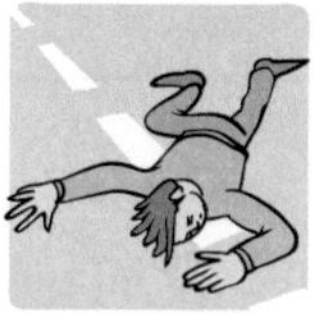

λιπόθυμος

özüni bilmän

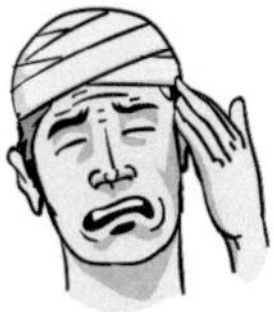

πόνος

agyry

τραύμα

zeper ýetme

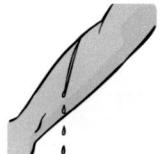

αιμορραγία

gan akmasy

έμφραγμα

infarkt

εγκεφαλικό

insult

αλλεργία

allergiýa

βήχας

üsgülik

πυρετός

ýokarlanan temperatura

γρίπη

dümew

διάρροια

içgeçme

πονοκέφαλος

kelle agyrysy

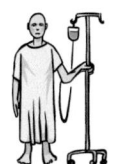

καρκίνος

rak

διαβήτης

diabet

χειρουργός

hirurg

νυστέρι

skalpel

εγχείρηση

operasiýa

αξονική τομογραφία

iýmit siňdirýän ortlaryň jemi

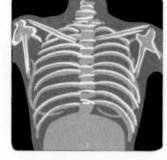

ακτινογραφία

rentgen

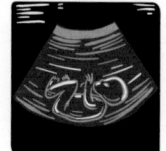

υπέρηχος

ultrases

μάσκα

maska

ασθένεια

kesel

αίθουσα αναμονής

kabulhana

πατερίτσα

pişek

χάνσαπλαστ

plastyr

επίδεσμος

bint

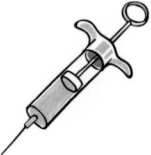

ένεση

sanjym

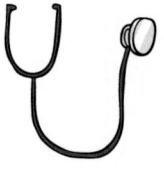

στηθοσκόπιο

stetoskop

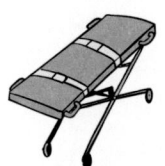

φορείο

zemmer

θερμόμετρο

termometr

γέννηση

dogluş

υπέρβαρο

artykmaç agram

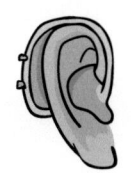

ακουστικό βαρηκοΐας

eşidiş abzaly

αντισηπτικό

zyýansyzlandyryjy serişde

λοίμωξη

ýokanç

ιός

wirus

HIV/AIDS

WIÇ/ AIDS

φάρμακο

derman

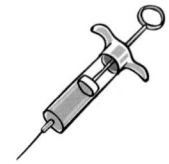

εμβολιασμός

öňüni alyş sanjymy

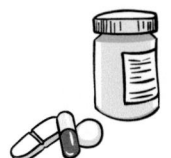

δισκία

gerdejikler

χάπι

göwreli bolmakdan goraýan gerdejik

κλήση έκτακτης ανάγκης

gaýragoýulmasyz çagyryş

πιεσόμετρο αίματος

gan basyşyny ölçeýji abzal

άρρωστος / υγιής

näsag / sagdyn

Βοήθεια!

Kömek ediň!

συναγερμός

howsala signaly

βιαιοπραγία

çozuş

επίθεση

hüjüm

κίνδυνος

howp

έξοδος κινδύνου

ätiýaçlyk çykalgasy

Φωτιά!

Ýangyn!

πυροσβεστήρας

ot söndürijisi

ατύχημα

betbagtçylykly ýagdaý

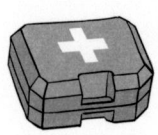

κουτί πρώτων βοηθειών

derman gutujygy

SOS

SOS

αστυνομία

milisiýa

Ευρώπη

Ýewropa

Βόρεια Αμερική

Demirgazyk Amerika

Νότια Αμερική

Günorta Amerika

Αφρική

Afrika

Ασία

Aziýa

Αυστραλία

Awstraliýa

Ατλαντικός Ωκεανός

Atlantika ummany

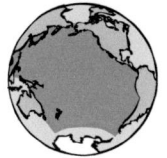

Ειρηνικός Ωκεανός

Ýuwaş umman

Ινδικός Ωκεανός

Hindi ummany

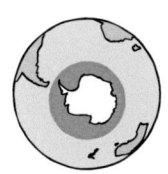

Ανταρκτικός Ωκεανός

Antarktika ummany

Αρκτικός Ωκεανός

Demirgazyk Buzly umman

Βόρειος Πόλος

Demirgazyk polýusy

Νότιος Πόλος

Günorta polýusy

Ανταρκτική

Antarktida

Γη

zemin

γη

gury ýer

θάλασσα

deñiz

νησί

ada

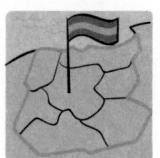

έθνος

millet

πολιτεία

döwlet

καντράν ρολογιού

siferblat

ωροδείκτης

sagadyň dili

λεπτοδείκτης

minut görkezýän dil

δείκτης δευτερολέπτων

sekundy görkezýän dil

Τι ώρα είναι;

sagat näçe?

ημέρα

gün

χρόνος

wagt

τώρα

häzir

ψηφιακό ρολόι

elektron sagady

λεπτό

minut

ώρα

sagat

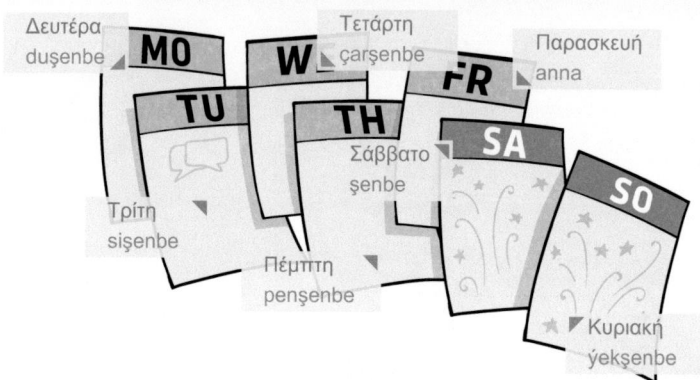

Δευτέρα / duşenbe — MO
Τετάρτη / çarşenbe — W
Παρασκευή / anna — FR
Τρίτη / sişenbe — TU
Σάββατο / şenbe — TH
Κυριακή / ýekşenbe — SA / SO

χθες
düýn

σήμερα
şu gün

αύριο
ertir

πρωί
säher

μεσημέρι
günortan

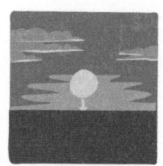

βράδυ
agşamlyk

MO	TU	WE	TH	FR	SA	SU
1	2	3	4	5	6	7
8	9	10	11	12	13	14
15	16	17	18	19	20	21
22	23	24	25	26	27	28
29	30	31	1	2	3	4

εργάσιμες ημέρες
iş günler

MO	TU	WE	TH	FR	SA	SU
1	2	3	4	5	6	7
8	9	10	11	12	13	14
15	16	17	18	19	20	21
22	23	24	25	26	27	28
29	30	31	1	2	3	4

Σαββατοκύριακο
dynç günler

βροχή
ýagyş

ουράνιο τόξο
älemgoşar

χιόνι
gar

άνεμος
şemal

άνοιξη
ýaz

φθινόπωρο
güýz

καλοκαίρι
tomus

χειμώνας
gyş

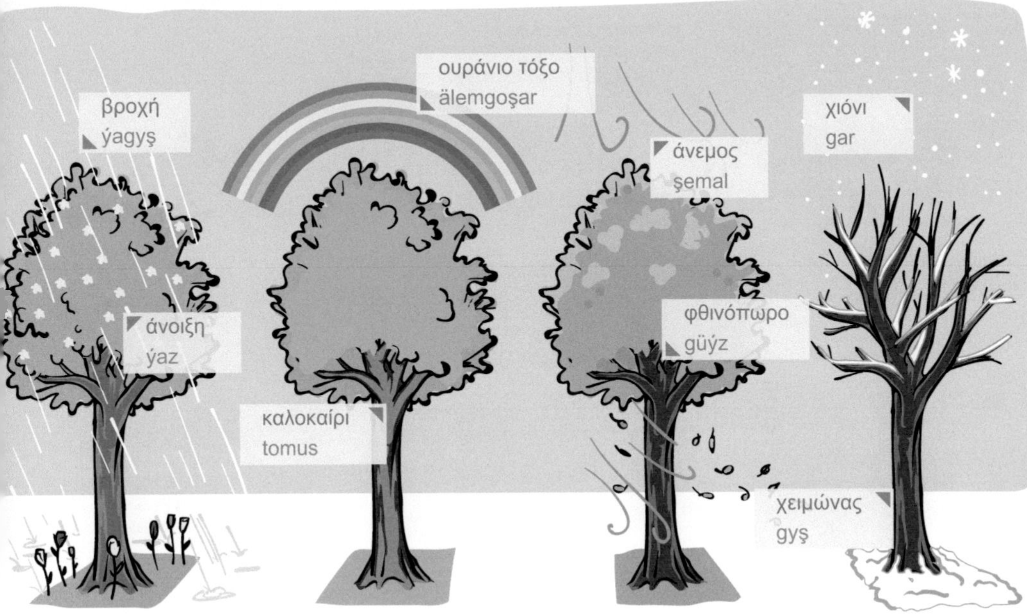

πρόγνωση καιρού

howa maglumaty

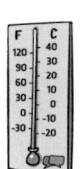

θερμόμετρο

termometr

λιακάδα

gün ýagtylygy

σύννεφο

gara bulut

ομίχλη

ümür

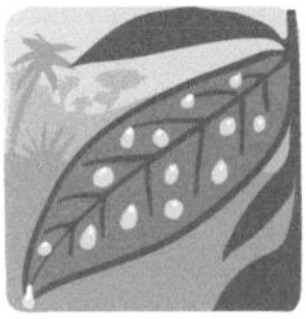

υγρασία

howanyň çyglylygy

αστραπή

ýyldyrym

κεραυνός

gök gümmürdisi

καταιγίδα

tupan

χαλάζι

doly

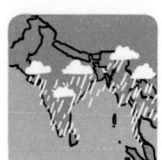

μουσώνας

musson

πλημμύρα

suw alma

πάγος

buz

Ιανουάριος

ýanwar

Φεβρουάριος

fewral

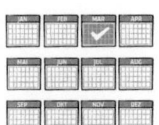

Μάρτιος

mart

Απρίλιος

aprel

Μάιος

maý

Ιούνιος

iýun

Ιούλιος

iýul

Αύγουστος

awgust

Σεπτέμβριος

sentýabr

Οκτώβριος

oktýabr

Νοέμβριος

noýabr

Δεκέμβριος

dekabr

σχήματα
görnüşler

κύκλος

tegelek

τετράγωνο

kwadrat

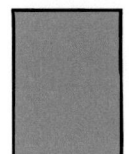

ορθογώνιο
παραλληλόγραμμο
göniburçluk

τρίγωνο

üçburçluk

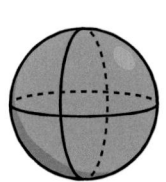

σφαίρα

şar

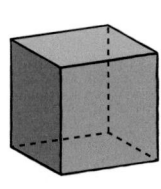

κύβος

kub

χρώματα
reňkler

άσπρο

ak

κίτρινο

sary

πορτοκαλί

mämişi

ροζ

gülgüne

κόκκινο

gyzyl

μωβ

liliýa reňkli

μπλε

gök

πράσινο

ýaşyl

καφέ

goňur

γκρι

çal

μαύρο

gara

πολύ / λίγο

köp / az

θυμωμένος / ήρεμος

gazaply / asuda

όμορφος / άσχημος

owadan / betnyşan

αρχή / τέλος

başy / soňy

μεγάλος / μικρός

uly / kiçi

φωτεινός / σκοτεινός

açyk / garaňky

αδελφός / αδελφή

oglan dogan / gyz dogan

καθαρός / λερωμένος

arassa / hapa

πλήρης / ατελής

doly / doly däl

ημέρα / νύχτα

gündiz / gije

νεκρός / ζωντανός

jansyz / diri

φαρδύς / στενός

giň / dar

βρώσιμος / μη βρώσιμος

iýilýän / iýilmeýän

κακός / ευγενικός

gaharly / dostlukly

ενθουσιασμένος / βαριεστημένος

tolgunly / tukat

παχύς / λεπτός

çişik / hor

πρώτος / τελευταίος

başda / soňunda

φίλος / εχθρός

dost / duşman

γεμάτος / άδειος

doly / boş

σκληρός / μαλακός

berk / ýumşak

βαρύς / ελαφρύς

agyr / ýeňil

πείνα / δίψα

açlyk / teşnelik

άρρωστος / υγιής

näsag / sagdyn

παράνομος / νόμιμος

bikanun / kanuny

έξυπνος / χαζός

akyly / akmak

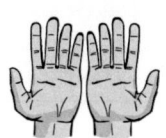

αριστερός / δεξιός

çepde / sagda

κοντινός / μακρινός

ýakyn / daş

καινούριος / μεταχειρισμένος	τίποτα / κάτι	γέρος | νέος
täze / ulanylan	hiç zat / bir zat	garry / ýaş
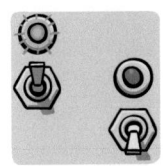		(drums image)
αναμμένος / σβηστός	ανοιχτός / κλειστός	χαμηλόφωνος / μεγαλόφωνος
ýakylan / söndürilen	açyk / ýapyk	ýuwaş / gaty

πλούσιος / φτωχός	σωστός / λανθασμένος	τραχύς / λείος
baý / garyp	dogry / nädogry	büdür-südür / tekiz

λυπημένος / χαρούμενος	κοντός / μακρύς	αργός / γρήγορος
gamgyly / şatlykly	gysga / uzyn	haýal / tiz

υγρός / στεγνός	ζεστός / δροσερός	πόλεμος / ειρήνη
öl / gury	ýyly / sowuk	uruş / parahatçylyk

αριθμοί
sanlar

0
μηδέν
nul

1
ένα
bir

2
δύο
iki

3
τρία
üç

4
τέσσερα
dört

5
πέντε
bäş

6
έξι
alty

7
εφτά
ýedi

8
οκτώ
sekiz

9
εννιά
dokuz

10
δέκα
on

11
έντεκα
on bir

12	13	14
δώδεκα	δεκατρία	δεκατέσσερα
on iki	on üç	on dört

15	16	17
δεκαπέντε	δεκαέξι	δεκαεφτά
on bäş	on alty	on ýedi

18	19	20
δεκαοκτώ	δεκαεννέα	είκοσι
on sekiz	on dokuz	ýigrimi

100	1.000	1.000.000
εκατό	χίλια	εκατομμύριο
ýüz	müñ	million

Αγγλικά

iňlis

Αμερικάνικα Αγγλικά

amerikan iňlis

Μανδαρίνικα Κινέζικα

mandarin hytaý

Χίντι

hindi

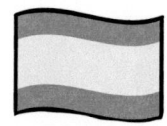

Ισπανικά

ispan

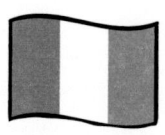

Γαλλικά

fransuz

Αραβικά

arap

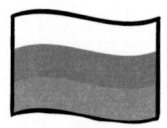

Ρώσικα

rus

Πορτογαλικά

portugal

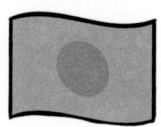

Μπενγκάλι

bengal

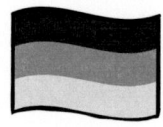

Γερμανικά

nemes

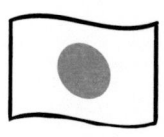

Ιαπωνικά

ýapon

εγώ	εσύ	αυτός / αυτή / αυτό
men	sen	ol (oglan) / ol (gyz) / ol (jansyz zat)

εμείς	εσείς	αυτοί / αυτές / αυτά
biz	siz	olar

ποιος / ποια / ποιο;	τι;	πώς;
kim?	näme?	nähili?

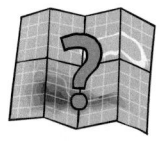

πού;	πότε;	όνομα
nirede?	haçan?	ady

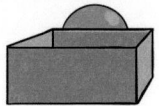

πίσω

yzynda

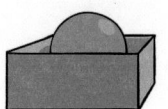

μέσα

içinde

μπροστά

öñünde

πάνω από

bir zadyñ üsti

πάνω

üstünde

κάτω

aşagynda

δίπλα

ýanynda

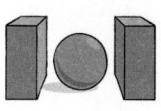

ανάμεσα

arasynda

μέρος

ýer